言語のインターフェイス・分野別シリーズ

3

［監修］西原哲雄・都田青子・中村浩一郎
米倉よう子・田中真一

形態論と
言語学諸分野との
インターフェイス

西原哲雄 ［編］

西原哲雄・島田雅晴・時崎久夫
由本陽子・西山國雄 ［著］

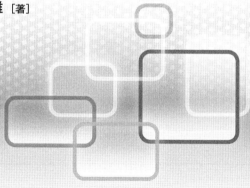

開拓社

「言語のインターフェイス・分野別シリーズ」の刊行にあたって

　本シリーズは，2019年に刊行された『言語におけるインターフェイス』（西原哲雄・都田青子・中村浩一郎・米倉よう子・田中真一（編），開拓社）で執筆された5章の内容のうち4章（統語論，音声学・音韻論，形態論，意味論）を選択し，それぞれ分冊化したものである．

　上記の前編著書のまえがきにおいても述べたように，ことばの本質を捉えるためには，ある特定の分野や部門のみに目を向けるのでは十分ではなく，より多角的な視点で分析することが求められるのは明白であろう．すなわち，言語研究は，単一の分野の研究のみによって成り立っているのではなく，複数の分野や部門の知見を踏まえながら成立しているものである．本シリーズの各巻は，統語論，音声学・音韻論，形態論，意味論・語用論のそれぞれの立場から見た言語間・言語内を含めた各分野の相互作用という観点からの「インターフェイス」に焦点をあてた内容となっている．

　全4巻から成る本シリーズは，統語論，音声学・音韻論，形態論，意味論・語用論の分野を扱っている．5人の監修者が，それぞれの巻の編集者となり，最新の動向を踏まえたうえで「インターフェイス」という視点から，言語研究の魅力をより多くの方々にお伝えできるような研究書兼概説書（テキスト）を目指した．

　各巻のタイトルおよび編集者は以下のとおりとなる．

　　第1巻　統語論と言語学諸分野とのインターフェイス

　　　　　　　　　　　　　　　　　　　　　　　　（中村浩一郎 編）

　　第2巻　音声学・音韻論と言語学諸分野とのインターフェイス

　　　　　　　　　　　　　　　　　　　　　（都田青子・田中真一 編）

　　第3巻　形態論と言語学諸分野とのインターフェイス　　（西原哲雄 編）

　　第4巻　意味論・語用論と言語学諸分野とのインターフェイス

　　　　　　　　　　　　　　　　　　　　　　　　（米倉よう子 編）

iv

執筆者については，若手，中堅も含めて各分野を代表される方々をお迎えすることができたのは幸いなことである．本シリーズで取り上げている論考はすべて査読を経ており，十分に精査されたものが掲載されている．

　読者の方々には，各自の専門分野に関わる巻や，それに相互に関連する諸分野の巻も含めて，読み進めていただき参照していただくことをお勧めする．本シリーズは，読者の方々には自分の専門とする分野の知識をより豊かにしていただくとともに，英語学，日本語学を含む言語学研究の様々な分野についての理解を一層深めていただけるものである，と監修者一同確信している．

2021 年 10 月
　　シリーズ監修者
　　西原哲雄・都田青子・中村浩一郎・米倉よう子・田中真一

は し が き

　本書は，「言語のインターフェイス・分野別シリーズ」の第 3 巻として刊行されたもので，形態論の他分野とのインターフェイスを取り扱ったものである．言語研究における，形態論（morphology）という分野を表すその用語も伝統文法では語形論（accidence）と呼ばれたいたことからも，形態論が包括的に研究されたのは比較的最近であり，近年，注目を浴びてきた分野と言っても過言でない．

　例えば，初期の生成文法理論では，形態部門は統語部門とは異なり，音韻部門などに含まれていると考えられ，形態部門の自立性は認められていなかった．その後，Halle（1973）などによって，その自立性が認められてからは，その枠組みの発展は目ざましいものがあり，1980 年代に登場した生成形態論（Generative Morphology）という用語も今日では一般的に受け入れられている．さらに，生成形態論という枠組みがさらに発展し，形態論と音韻論の相互作用（語形成過程と音韻規則との関わり等を扱ったもの）の代表的な理論として登場したのが，語彙音論論（Lexical Phonology）であり，現在も形態理論の中で重要な役割を果たす位置にある．

　このように，研究活動が発展・進行している形態論の分野で，本書では，形態論と言語学諸分野とのインターフェイスに焦点をあて，「音声学・音韻論」，「方言でみるカテゴリーと形式」，「強勢」，「語彙意味論」，「日本語形態論」というような視点から形態部門とのインターフェイスについての最新の知見を含みながら，言語機能のモジュール性を含めて形態部門の輪郭やその周辺分野の全貌を明らかにできるように構成されている．

　各章は独立して構成されているが，必ずしも最初の章から読み始める必要はなく，読者が興味をもたれた章から読み始めていただいても，十分にそれぞれの内容を理解できるように配慮したつもりである．さらに，本書は，対象読者として，形態論を土に研究をしている学部生，大学院生，研究者，さ

vi

らには，言語のインターフェイスに関心のある方々を想定しており，そのような読者の研究の一助となれば幸いである．

　また，形態論以外の分野と諸分野における言語研究のインターフェイスに興味をお持ちの読者は，本シリーズの「統語論」，「音声学・音韻論」，「意味論・語用論」を取り扱った，それぞれの巻もぜひご参照いただきたい．

　最後に，本シリーズの企画を快諾してくださり，本書の作成，校正，編集および出版までの様々な面から協力をしていただいた開拓社の川田賢氏に心から感謝し，ここに記して，御礼を申しあげたい．

　　2021 年 10 月

　　　　　　　　　　　　　　　　　　　　　　　　　西原　哲雄

目　　次

x

第1章

形態論と音声学・音韻論とのインターフェイス

西原哲雄 (藍野大学)

1. 形態論とは何か

形態論 (morphology) とは，それぞれの言語における，語の内部構造を構成している要素がどのようにして，組み合わせることが可能であるかを取り扱う部門である．この形態論という語は本来，言語学で用いられた用語ではなく，詩人・劇作家として著名なゲーテ (Johann Wolfgang Goethe (1749–1832)) によって生物学上の用語として，使用されたのが最初とされており，19 世紀に言語学によって借用，使用されるようになったものである．

形態論は，2 つの部門から形成されており，語形成 (word-formation) と屈折形態論 (inflectional morphology) から形成されている．語形成の部門は，派生 (derivation)，複合 (compounding)，その他から成立しており，新語の形成に関わるものである．一方，屈折形態論における屈折とは，語が文中や他の語との文法関係を示すために語形を変化させることを指す．

この 2 つの形態部門は，どんな要素がどのように組み合わさり，どのような語が作成されるのかを取り扱うものである．基本的には，形態部門が語以下の単位を取り扱う部門であり，語以上の単位である句や文において，語と語がどのように連結されるのかを扱うのは統語部門である．

形態部門は文法体系全体において，語以下の単位を取り扱うため，ノー

2

ム・チョムスキー（Noam Chomsky）によって提唱された生成文法理論（Generative Grammar）では，一般的に統語部門の前に位置づけられ，形態部門から統語部門に語が配給されるという仕組みとされている．

　しかしながら，形態部門は文法体系において，他の音韻部門，統語部門，意味部門とまったく別に独立して存在しているものではなく，相互に影響を与え合う，モジュール体系をなしていると考えられる．

　形態部門は，辞書（レキシコン：lexicon）と呼ばれる下位部門と，語を作りだす規則である語形成規則（word-formation rule）の集合から成り立っている．辞書（レキシコン）には，語を作りだすために不可欠な語基や接辞などが登録されており，さらに語形成規則に基づいて作りだされた新しい語も，辞書（レキシコン）に登録されることになる．

　語形成を担う形態規則は，統語部門における，句構造規則（phrase structure rule）と同じように繰り返し性（recursiveness）を持っており，一般的に派生（derivation）の過程においては繰り返し性が見られるが，屈折（inflection）の過程では繰り返し性は見られないと考えられている．

　例えば，英語の派生語では，industri-al-iz-ation-al, pre-pre-Columbian art, post-post-war などのように派生接辞付加の繰り返し性が可能ではあるが，屈折においては，*step-s-es のように屈折接辞 -(e)s の付加の繰り返しは認められていない．

　しかしながら，elevenses（午前 11 時頃のおやつ）などのような，二重複数による例外も若干，存在しているのも事実である．例えば，サセックス地方やヨークシャ地方における英語の方言では，名詞の二重複数（double plural）である，/boet-s-ez/ 'boat-s-es' や形容詞の二重比較，二重最上級である，better-er, mor-er や best-est, most-est, worst-est などの例外的な付加の繰り返し形の語がさらに，散見される．

　形態論において，取り扱われる語は，その内部構造から，まず，girl, book, find のような単一の構成素からなる単純語（simple word）と複雑な構成素からなる合成語（complex word）とに区別される．さらに，合成語は，blackboard のような複合語（compound word），happiness のような派生語（derivative word），walked のような屈折語（inflected word）に分けら

れる．ここで，示す単純語，合成語の区別は，あくまで現代という一時期の共時的視点から見ての区別であることには注意が必要である．

　すなわち，現代という時点から見れば，単純語としか見えない語が，実は歴史的には合成語であったということもあり得る．例えば，gospel, daisy, lord, lady という語は，現代の視点からは単純語としか見えないが，それぞれ古英語では，gōdspel（よき知らせ），dæges-ēage（日・昼の目），hlāf-weard（パンを守る者），hlǣfdige（パンをこねる者）という複合語であった．

2.　形態論の基本概念

　形態論の基本概念としては，まず，語を分析する際に，文法形式の最も小さな単位である形態素（morpheme）と呼ばれるものが存在する．形態素とは，意味を持つ最小の単位であり，これ以上は小さく分析することができない最小の文法的単位であると考えられる．

　例えば，unhappiness という語では，un-, happy, -ness はそれぞれが形態素である．これらの形態素が，複合（compounding），派生（derivation），および屈折（inflection）の作用を受けることとなる．派生や屈折を受けた合成語は独自の意味的まとまりを持つ要素である語基（base）と，語基に付加されることによってはじめて機能することができる要素である接辞（affix）とから成り立っている．また，複合語は，語基と語基の組み合わせによるものである．

　派生語は，独立して現れうる語基に，それ自体では独立して現れることができない接頭辞（prefix：例えば，de-, un-, など）や，接尾辞（suffix：例えば，al，ize など）が付加されて造られる語である．形態論においては，複合語や派生語は形態部門で生成されると考えられ，一方，屈折語は統語部門において生成されると考えられる．また，unkindness という語では，単独で現れることのできる kind は自由形態素（free morpheme）と呼ばれ，un- や -ness のように単独で現れることのできない形態素は拘束形態素（bound morpheme）と呼ばれる．

　形態素のなかには，形としては単一の形態素でありながら，機能的には同

4

時に複数の形態素の機能を有するものがあり，かばん形態（portmanteau morph）と呼ばれる．例えば，英語の動詞の屈折語尾 -s は 3 人称，単数，現在を表す 3 つの形態素が同時に具現化されたかばん形態である．また，同一の形態素が環境によって，異なる形をとる場合があり，例えば，英語の名詞複数形態素 {Z} は，/-s/, /-z/, /-əz/ などの異形を持つ．これらの異形を同一形態素の異形態（allomorph）と言う.

　また，Bloomfield (1933) は複合語を 2 つに分類している．すなわち，複合語の全体の意味が複合語を構成している要素の一種であると判断できるものと，そのようには判断できないものの 2 つである．一般に，前者は内心複合語（endocentric compound）と呼ばれ，後者は外心複合語（exocentric compound）と呼ばれている．例えば，内心複合語は，greenhouse（温室）や blackboard（黒板）などであり，それぞれ house, board の一種であると考えることができる．一方，外心複合語は，pickpocket（すり）や turnkey（看守）などであり，いずれもその構成要素の一種であるとは考えられない．このような 2 種類の複合語では，一般に内心複合語が外心複合語よりもはるかに，その数が多い.

3. 第 I 類接辞と第 II 類接辞

　Siegel (1974) や Allen (1978) によれば，接辞（接頭辞と接尾辞）は第 I 類接辞（class I affix）と第 II 類接辞（class II affix）の 2 種類に分類することができる．そしてこの 2 つの接辞では，第 I 類接辞は必ず第 II 類接辞より先に語基に付加される．これを接辞付加の順序付け（ordering）と言う．これらの 2 種類の接辞は後に挙げる，異なる特徴を持っている.

　形態論の自立性が認められたのちも，形態論が音韻論とのインターフェイスで成立しているという考えに基づき，語彙音韻論（Lexical Phonology）という枠組みが提案された．語彙音韻論では，語形成（生成形態論）に音韻論のインターフェイスの相互関連性を認めた音韻理論である.

　まず，生成形態論の枠組みを簡単に概説することにする．生成形態論という理論は，語形成が語彙部門（レキシコン）において，一定の階層構造から

成り立っており（これらの階層はレベル (level)，クラス (class)，または層 (stratum) などと呼ばれている），語への接辞（接頭辞や接尾辞）の付加や語と語の結合（複合語化と呼ばれている）が，階層構造の一定の順序にしたがって形成されると提案するものである．基本的な階層構造は以下のように示すことができるが，その階層の構築数については，いくつかの階層数が提案されている．

(0)　クラス I 接辞付加
　　　　　↓　（循環語強勢付与規則）
　　　クラス II 接辞付加
　　　　　↓
　　　語レベル音韻論　　　　　　　　　　　　　　　　　(Siegel (1974))

このような考え方（枠組み）は順序付けの仮説 (ordering hypothesis) と呼ばれるものであり，クラス I 接辞はクラス II 接辞の内側のみに生起し，通常，クラス I 接辞がクラス II 接辞の外側には生起しない事が予測される．それゆえ，クラス I 接辞がクラス II 接辞の外側に表れるような語形成過程 (word-formation process) は認められないということになる．もちろん，同じクラスの接辞が連続することには問題はない．

(1) a.　第 I 類接辞は強勢位置決定に関わり，第 1 強勢の位置の移動を引き起こす場合がある．一方，第 II 類接辞は強勢位置決定にかかわらず，強勢の移動を引き起こさない．
　　　　májor → majór + ity (class I)
　　　　wóman → wóman + ish (class II)
　　b.　第 I 類接辞は語基，または接辞において子音や母音の音声変化を引き起こすことがある．しかし，第 II 類接辞はそのような変化を引き起こさない．
　　　　in + balance → im + balance (class I)
　　　　un + balance → un + balance (classII)
　　　　ただし，unbalance は，[ʌn-] が後続の [b] に同化して [ʌm-] と

発音されることはある．その場合も，綴り字上の変化は起こらない．

第Ⅰ類接辞の -y の添加によって摩擦音化（spirantization）を引き起こされる，第Ⅱ類接辞の -y では，そのような変化を引き起こさない．

democra [t] → democra [s] -y （class I）

tren [d] → tren [d]-y （class II）

第Ⅰ類接辞の添加は，三音節母音弛み化規則（trisyllabic laxing）を引き起こすが，第Ⅱ類接辞では，そのような変化を引き起こさない．

provōke → provŏc-ative （class I）

mīght → mīght-i-ly （class II）

c. 第Ⅰ類接辞は，一部の例外を除き，第Ⅱ類接辞を含んだ語に付加されることはない．

*in + [book + ish]

  I   II

un + [book + ish]（読書ぎらいな）

  II   II

d. 第Ⅱ類接辞は複合語に添加することが可能であるが，一部の例外を除き，第Ⅰ類接辞が複合語に付加されることはない．

mis + [under + line]

  II

*dis + [up + grade]

  I

e. 第Ⅰ類接辞は，接辞付加の際に，異形態（allomorphy）や刈り込み（truncation）が生じることがあるが，第Ⅰ類接辞ではそのような変化は起きない．

nomin-ate → nomin-ee, simpl-ify → simpli-ific-ation （class I）

nomin-ate → nomin-at-ed, simpl-ify → simpl-ify-ing （class II）

f. 第Ⅰ類接辞は，その接辞付加によって語の意味が非合成的なも

のになる．すなわち予測可能な一定の意味を持っていないが，
第 II 類接辞では，その語の意味は合成的であり，予測可能な意
味を持つこととなる．

re-duce, re-sume, re-has（class I：一定の意味を持たない）
re-make, re-means（class II：一定の意味 – 何かをもう一度す
ること）

　このように，第 I 類接辞と第 II 類接辞は音韻的，形態的および意味的に，
明確にその特徴において区別されているが，ブローカ失語症患者の音韻的振
る舞いに関してものその区別がなされている．

　Kean（1977）によれば，Chomsky and Halle（1968）で導入された，語
境界接辞（word-boundary affixes: #）と非語境界接辞（non-word boundary
affixes: +）を Siegel（1974）や Allen（1978）が前者を第 II 類接辞，後者
を第 I 類接辞として解釈していることから，強勢移動を引き起こさない [#
[# definite #] ness #] という構造では "definite" までが，音韻語（phonolog-
ical word）であると定義し，音韻語以外の要素である "ness" の部分が脱落
するとしている．一方，強勢移動を引き起こす [# [# definte +] ive #] とい
う構造では，"definitive" までが音韻語となるので +ive の脱落は見られな
い．

　さらに，強勢移動を引き起こさないような，複数形を示す屈折接辞，属格
の接辞，動詞の屈折語尾のような機能語や名詞を形成する -ing は音韻語で
はないので，英語のブローカ失語症患者らによっては，脱落させられている
と指摘している．そして，Kean（1977）は音韻的観点から，「ブローカ失語
症患者の言語では音韻語でない要素が削除される」と結論づけている．

　その一方，例えば，接尾辞 -able, -ize などのように，第 I 類接辞と第 II
類接辞の両方の特徴を兼ね備えている二重クラス接辞（dual class suffix）
と呼ばれるものが存在する．まず，-ize では，その生産性はかなり高く，名
詞の語基に付加（alchohol – alchoholize など）されたり，形容詞にも（fa-
miliar – familiarize など）添加されたりする．強勢についても，第 I 類接辞
のように強勢の移動を引き起こす場合（gélatin – gelátinize など）がある一

方，第 II 類接辞のように強勢の移動を引き起こす場合（skélton – skéltonize
など）がある．さらに，同一の単語でも，強勢移動している語と強勢移動を
引き起こしていない形が併存している場合がある（cátholic → cátholicize /
cathólicize など）．次に，-able についてであるが，これも，強勢の移動を
伴う場合と伴わない場合が併存している接辞であり，cómparable（匹敵す
る）という場合は強勢移動しているので第 I 類接辞であるが，compárable
（比較できる）は強勢移動がないので，第 II 類接辞であるということになる．

しかし，Burzio（1994）では，第 I 類接辞と第 II 類接辞というような英
語における接辞の区別は適格なものではなく，これらをラテン語系接辞とゲ
ルマン語系接辞に分けるべきであるという主張もある．

ここでは，とりあえず，Szpyra（1989）に基づいて，第 I 類接辞と第 II
類接辞を列挙してゆく：第 I 類接尾辞，-y（名詞を形成），-ate，-ion，-ity，
-(i)fy，-al（形容詞を形成），-ous，ory，-ic，-ary，-use，itude，-ial（以上
Siegel（1974）），-th，-ette，-ian，-a，-ese，esque（以上 Selkirk（1982）），-an，
-ious，-is（以上 Strauss（1982）），第 II 類接尾辞は，-y（形容詞を形成），
-ness，-less，-ly，-ish，-like，-some，-ful，-al（名詞を形成），-ed，-ing
（以上 Siegel（1974）），-hood，-age，-ling，-let，-dom，-worthy（以上 Sel-
kirk（1982）），-ship，-er（以上 Strauss（1982）），そして第 I 類接頭辞は，in-，
con-，per-，ab-，sub-，dis-，trans-，inter-，para-，de-（以上 Siegel（1974）））．

第 II 類頭接辞は，anti-，pro-（以上 Siegel（1974）），non-，step-，ex-（以
上 Selkirk（1982））などである．そして，先にも述べたのと同様に，Siegel
（1974），Aronoff（1976），Selkirk（1982）などもが主張する，いわゆる二
重接辞（dual class affixes）は以下のとおりである：接尾辞は -ize，-ment，
-able，-ism，-ist，-ive，-y（名詞を形成）で，接頭辞は hyper-，circum-，
neo-，auto-，mono-（以上 Selkirk（1982））である．

このような接辞のクラス分けのモデルをさらに修正し，クラスの数を増や
した枠組みが，Allen（1978）によって提案された理論が，拡大順序付け仮
説（Extended Ordering Hypothesis）である．なお，Allen（1978）では，ク
ラスという用語ではなく，レベルという用語を用いている．

(2)　拡大順序付け仮説 (Extended Ordering Hypothesis)
　　　レベル I 接辞付加
　　　　　　↓
　　　レベル II 接辞付加
　　　　　　↓
　　　レベル III 接辞付加 (ゼロ派生・複合語化・non- 接辞付加)

Allen (1978) によるこの理論にしたがえば，次に挙げるようなレベル III
で形成された複合語の外側には，レベル II 接辞である un- が決して付加さ
れないという事実を的確に説明することができる．

(3)　*un$_{\mathrm{II}}$-[forward-looking]$_{\mathrm{III}}$　　*un$_{\mathrm{II}}$-[home-made]$_{\mathrm{III}}$
　　　*un$_{\mathrm{II}}$-[color-blind]$_{\mathrm{III}}$　　　*un$_{\mathrm{II}}$-[hand-washable]$_{\mathrm{III}}$

さらに，クラス III 接辞付加作用の 1 つである non- 接辞付加が，例外的に
複合語に付加されるという現象が実在するという事実もまた，うまく説明す
ることが可能となる．

(4)　non$_{\mathrm{III}}$-[forward-looking]$_{\mathrm{III}}$　　non$_{\mathrm{III}}$-[home-made]$_{\mathrm{III}}$
　　　non$_{\mathrm{III}}$-[color-blind]$_{\mathrm{III}}$　　　non$_{\mathrm{III}}$-[hand-washable]$_{\mathrm{III}}$

しかしながら，Selkirk (1982) は，複合語の外側に付加されてはいけない
レベル II 接辞 (接頭辞) が付加されている例が存在していると指摘されて
いる．

(5)　un$_{\mathrm{II}}$-[self-sufficient]$_{\mathrm{III}}$　　　ex$_{\mathrm{II}}$-frogman$_{\mathrm{III}}$
　　　un$_{\mathrm{II}}$-[top-heavy]$_{\mathrm{III}}$　　　　mis$_{\mathrm{II}}$-underline$_{\mathrm{III}}$　　　(Selkirk (1982))

　例えば，(5) の self-sufficient は複合語 (つまり，レベル III) なので，(6)
に示したように，レベル II 接頭辞である un- は付加されないはずだが，(6)
では un$_{\mathrm{II}}$self-sufficient$_{\mathrm{III}}$ として成立している．
　このように Allen (1978) の理論ではうまく説明ができない例が存在して
いる．このような例外的と思われる例をうまく説明するために，Selkirk

10

(1982) は次のような階層化のモデルを提案している．この Selkirk（1982）
による階層化にしたがえば，レベル II において複合化と un-II のようなレ
ベル II 接頭辞付加が同時に行われると考えられる．そうすれば矛盾なくこ
のような 2 つの形態操作が同時に行われることを適切に説明することが可
能となる．つまり，以下に示すように，Selkirk（1982）が提案しています
レベルの階層化は，2 つのレベル II での形態操作が妥当であるということ
を明らかにしている．

(6)　レベル I 接辞付加
　　　　　↓
　　　レベル II 接辞付加・複合語化過程 un$_{II}$-[self-sufficient]$_{II}$

4.　語彙音韻論の枠組み

　語彙音韻論（lexical phonology）とは，語形成（（生成）形態論）と音韻論
のインターフェイスを提唱する音韻理論であり，形態論における階層構造と
さまざまな音韻規則がお互いに関連性をもって，語レベルから文レベルに至
るまでの派生過程が行われる文法構造の枠組みである．語彙音韻論における
基本的枠組みのモデルを提示すると以下のようなものが挙げられる．

(7)　語彙音韻論（Lexical Phonology）
　　　語彙部門（Lexicon）
　　(i)　基底表示（Underlying Representation：RP）
　　　　　[形態論（Morphology）⇔ 音韻論（Phonology）レベル 1]
　　　　　[形態論（Morphology）⇔ 音韻論（Phonology）レベル 2]
　　　　　[形態論（Morphology）⇔ 音韻論（Phonology）レベル N]
　　　　　　　　　　↓
　　(ii)　語彙表示（Lexical Representation）
　　　　　　　（語彙挿入，休止挿入）
　　　　　　　　　　↓
　　　　[後語彙音韻論（Post-Lexical Phonology）]

↓

(iii)　音声表示 (Phonetic Representation: PR)

このように，形態論の階層構造での単語の形成と音韻論（音韻規則の適用）とのインターフェイスによって説明したものが，以下の，Mohanan (1982) などで提案されている 4 層から成る，標準的な語彙音韻論の枠組みである.

(8)　層 1：クラス I 接辞付加，不規則的屈折接辞付加
　　　層 2：クラス II 接辞付加
　　　層 3：複合語形成
　　　層 4：規則的屈折接辞付加
　　　　　　↓
　　　後語彙音韻論 (Post-Lexical Phonology)　　　　　(Mohanan (1982))

　この枠組みによって，単語の語末（音節末）で現れる英語の暗い [ɫ] (dark-ɫ) と単語の語頭（音節の始め）で現れる明るい [l] (clear-l) の分布を，うまく説明できる. 以下の表において，層 2 で派生される複合語の最初の要素である単語の音節末の [l] が次の単語の音節の始めに移動して，明るい [l] が現れる一方，後語彙音韻論レベルで現れる名詞句の最初から 2 番目の単語の音節末で，暗い [ɫ] が現れることを的確に説明することができる ((9)，(10) を参照のこと).

(9)　明るい [l] (clear-l)　　　暗い [ɫ] (dark-ɫ)
　　　loop [luwp]　　　　　　pool [puwɫ]
　　　lope [lowp]　　　　　　pole [powɫ]
　　　lake [leyk]　　　　　　 kale [keyɫ]
　　　leap [liyp]　　　　　　 peal [piyɫ]　　　　　(Sainz (1992))

12

(10)　層 2

　　　複合語化： wha[l]e.di.tion

　　　l- 再音節化：wha.[l]e.di.tion　　　　　　　　　　　（Sainz（1992））

　　　後語彙音韻論

　　　名詞句連鎖：the. wha[l]. and. the. shark

　　　l- 軟口蓋化：the. Wha[ɫ]. and. the. shark　　　　　（Sainz（1992））

　さらに，この階層構造から，層 3 の複合語の外側に，クラス I 接辞，クラス II 接辞が生じないことがわかり，さらに，複合語の外側に層 4 の屈折接辞が生じ，内側には決して生じないことがわかる．したがって，以下に示されるような順序付けを守らない派生語は認められないことになる．

(11)　a. *event-less-ity （[X]＋II＋I）　　*employ-ment-al （[X]＋II＋I）
　　　b. *in-[book-ish] （I＋[X＋II]）　　*in-[though-ful] （I＋[X＋II]）
　　　c. *un-[color-blind] （II＋[X＋Y]）　*un-[shock-resistant] （II＋[X＋Y]）
　　　d. *[hand-s towel] （[X＋s＋Y]）　　*[flie-s paper] （[X＋s＋Y]）

　さらに，この語彙音韻論における階層の数については，多くの研究者によって，4 層，3 層，2 層といった様々な案が，今日まで，提案されてきている．

　例えば，Kiparsky（1982）は 3 層からなる階層を提案しています．この案にしたがえば，(13) のようなクラス II （レベル II ）接辞と複合語の付加が同じレベル 2 の内部で行われるということから，(13) のようにレベル II 接辞 un- の付加と複合語過程の順序が正しく予測でき，適切な説明が可能となる．

(12)　レベル 1：クラス I 接辞付加，不規則的屈折接辞付加
　　　レベル 2：クラス II 接辞付加，複合語形成
　　　レベル 3：規則的屈折接辞付加　　　　　　　　　　（Kiparsky（1982））

(13)　un$_{II}$-[self-sufficient]　　　un$_{II}$-[top-heavy]

　　　　　　　　　　　　　　　　　　　　　　　　　　　（Selkirk（1982））

　ちなみに，Mohanan（1982, 1986）では，このような，階層化の順序にしたがわない現象を説明するのに，（14）のような，層3から層2への「逆行（loop）」という不自然で例外的な取り扱いを提案している．しかしながら，このような提案は非常に特殊なものですから，妥当性は高くないと考えられている．

　(14)　層2（接辞付加）：re$_{\mathrm{II}}$-[air condition]

　　　　層3（複合語化）：[air condition]

5.　語彙層の数について

　ここまでの，語彙音韻論における階層の数や構造についての提案をまとめると，概略は，以下のようになる．

　(15)　Kiparsky（1982）
　　　　　　レベルI：レベルI接辞付加
　　　　　　レベルII：レベルII接辞不可・複合語化
　　　　　　レベルIII：屈折接辞付加
　(16)　Mohanan（1982），Halle and Mohanan（1985）
　　　　　　層1：レベルI接辞付加・不規則屈折接辞付加
　　　　　　層2：レベルII接辞付加
　　　　　　層3：複合語化
　　　　　　層4：規則屈折接辞付加
　(17)　Kiparsky（1983, 1985），Borowsky（1986）
　　　　　　レベルI：レベルI接辞付加
　　　　　　レベルII：レベルII接辞付加・複合語化・屈折接辞付加

　また，（14）のような階層モデルにしたがえば，複合語内部に規則屈折接辞（複数を示す接尾辞など）が生起しないという事実（(18a)と(18b)の例）を正しく予測することができる．

14

(18) a. *[hands towel]

b. *[flies paper]

このような事実は，複合語化を派生過程（derivation）の1つと考えて，以下のような派生接辞（derivational suffixes）と屈折接辞（inflectional suffixes）の付加順序の一般的傾向というものからも説明がなされる（(19) を参照）.

(19)　語 – 派生接辞付加 – 屈折接辞付加

　　　*語 – 屈折接辞付加 – 派生接辞付加　　　　　　　　　（Scalise (1986)）

しかしながら，実際には (20) に見られるように，複合語内部（複合語の第1要素の語尾）に複数形を表す規則屈折接辞が付加されている例が多く存在しているのも事実である.

(20)　[arm-s merchant]　　　[good-s train]　　　[cloth-s brush]

　　　[park-s commissioner]　[custom-s officer]　[saving-s bank]

このような問題を解決するには，複合語形成過程の前にすでに，屈折接辞が付加されていると考える（[arm-s] が複合語の入力になるように）語彙化（lexicalization）やその前段階である慣用化（institutionalization）などと呼ばれる解決法が提案されている. ただ，このような方法ですべての例が解決することは不可能であると考えられている.

したがって，このような緒問題を解決するために，Borowsky (1986) や McMahon (1992) の提案する枠組みでは，最も階層の数が少ない2層階層構造の語彙音韻論のモデルが，以下のように提案されている.

(21)　層1：クラスⅠ接辞付加，不規則的屈折接辞付加

　　　　　（強勢付与，母音移行，母音弛緩，母音緊張，鼻音化 …）

　　　層2：クラスⅡ接辞付加，複合語形成，規則的屈折接辞付加

　　　　　（口蓋化，側音再音節化，摩擦音化 …）

　　　　　　　　　　　　　　　　　　　　　　　（McMahon (1992)）

この枠組みによれば，次に挙げるそれぞれの単語の接辞付加による強勢移動

の違い（(22a) と (22b) を参照）を的確に説明することができる．すなわち，レベル I では派生によって強勢移動が生じていますが，レベル II では派生が起きても強勢移動が見られない（(23a) と (23b) を参照）．また，レベル I 接頭辞の in- が単語に付加されて，鼻音同化（nasal assimilation）を起こす一方で，レベル II 接頭辞の un- が鼻音同化の影響を受けることがないこともうまく説明できる（(24) と (25) を参照）．

(22)　a.　átom　　　　　　　b.　édit

　　　　atómic　　　　　　　　 éditor　　　　　　　　(McMahon (1992))

(23)　a.　層 1：**á**tom　　：Stress Rules（強勢付与 1）

　　　　　　átom-ic：-ic Affixation

　　　　　　at**ó**mic　：Stress Rules（強勢付与 2）

　　 b.　層 1：**é**dit　　：Stress Rules（強勢付与）

　　　　　層 2：**é**ditor　：-or Affixation　　　　　 (McMahon (1992))

(24)　クラス I 接辞とクラス II 接辞付加による鼻音同化の違い

　　　〈クラス I 接辞付加〉

　　　in + legal → illegal

　　　in + responsible → irresponsible

　　　〈クラス II 接辞付加〉

　　　un#lawful → *ullawful

　　　un#reliable → *urreliable　　　　　　　(Nespor and Vogel (2007))

(25)　語彙音韻論における鼻音同化

	im-possible	un-predictable
Lexicon	possible	predictable
Level 1 concatenation	in-possible	———
nasal assimilation	im-possible	———
Level 2 concatenation	———	un-predictable
rule-application	———	———

　　　　　　　　　　　　　　　　　　　(Sheer (2011) を一部改変)

このような，2層構造の枠組みを援用することで，（18）で見られるような，複合語の内部，すなわち，複合語の第1要素に（複数を示す）規則的屈折接辞が付加されるような順序付けの仮説を破るような例外的な事実も説明可能となる．

したがって，生成文法の枠組みにしたがえば，この2層による説明は，当該言語の話者の内臓する文法の最も真実に近い記述は1つしかなく，「可能な記述のうち1つを適切な記述として選択する基準は簡潔性の尺度による」という考えにも合致するものであると考えることができる．

繰り返しになるが，（17）や（21）で提案された2層階層構造を援用すれば，（18）で挙げられたような複合語内部に（複数を示す）屈折接辞が現れる現象も問題なく説明が可能である．

6.　順序付けのパラドックス

さまざま提案に基づく語彙音韻論の枠組みの場合も，ある一部の語の音韻的・形態論的派生過程において，適切に説明できない現象が存在する．しかしながら，どのような層についての枠組みにおいても，解決できないような問題が存在する．それは，順序付けのパラドックス（ordering paradoxes）といわれるものである．このパラドックスを ungrammaticality という語の接辞付加過程による派生で見ることにする．

順序付けの仮説では，-ity はクラス I の接辞であり，un- はクラス II の接辞ですから，まず -ity による接辞付加が行われ次に，un- が付加されることにより，（26a）のような派生が得られる．つまり，形容詞である grammatical に -ity が付加されて grammaticality という名詞が派生し，この名詞に un- が付加されて ungrammaticality が生じることになる．しかしながら，この派生だと，接頭辞 un- は形容詞に付加されなければならない，という下位範疇化の条件に違反している．そこで，このような違反を犯さないために，（26b）のように，先に un- を形容詞の grammatical に付加し，次に ungrammatical となった形容詞に -ity を付加して ungrammaticality を形成するとする．

　しかし，このような派生にすると，クラス II 接頭辞の un- が，クラス I 接尾辞の -ity よりも，先に付加されることにより，順序付けの仮説に従わないことになり，このような現象を順序付けのパラドックスと呼ぶ．

(26) a.　[un [[grammatical]$_A$ ity]$_N$]$_N$

　　 b.　[[un$_{II}$ [grammatical]$_A$]$_A$ ity$_I$]$_N$　　　　　　　　（西原（1994a, b））

　また，unhappier という語では，音韻的には，-er は 3 音節語には付加されないので，(27a) のような構造を持っていると考えられる．つまり，happy に -er が付加されて happier が作られ，この happier に接頭辞 un- が付加されて unhappier が生じている．しかしながら，意味的には unhappier は "not more happy" ではなく "more not happy" という意味になるので，(27b) のような構造を持っていると考えられる．要するに，形容詞 happy に un- がまず付加されて unhappy が生じ，次にこの unhappy に -er が付加されていると解釈される．

(27) a.　[un [[happy]$_A$ er]$_A$]$_A$　　　　　b.　[[un [happy]$_A$]$_A$ er]$_A$

　　　　　（音韻論的構造）　　　　　　　　　　　（意味論的構造）

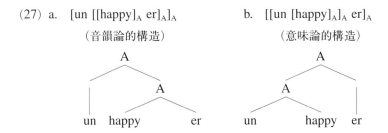

　これらの例は，正確には順序付けの仮説に対しての例外ではない．しかしながら，2 つの条件を同時に満たすことができないという点から，順序付けの仮説のパラドックスの 1 例として取り扱かわれるのが一般的である．

　このように形態構造と音韻構造の不一致となる現象は，以下に挙げるようなオランダ語の語形成過程においても，同様に見られる．

(28)　　　〈単数形〉　　〈音声形式〉　〈複数形〉　〈音声形式〉

　　 a.　hoed "hat"　　[hut]　　　hoed-en　　[hudən]

　　 b.　poes "cat"　　[pus]　　　poes-en　　[puzən]

(28) の例では，hoed が -d で終わっていますが無声子音 [t] になっている．poes も同じで，-s で終わっているが，音声としては無声子音 [s] となる．これは，オランダ語では，音節末で子音の無声化規則が適用されることになり，単数形の綴り字が有声音を示す単語であっても，語末子音が無声(化)であると説明できる．この事実を形式化すると (29) のようになる．

(29)　音節末無声化規則 (syllable-final devoicing)
　　　$C \rightarrow [-\text{voice}] / \underline{\quad})_{\sigma}$

しかしながら，複数形では，この音節末無声化規則が適用されずに有声音になっていることが，(28) から確認される．つまり，hoed, poes に複数形の-en が付加されると，語末の -d および -s はそれぞれ，[d], [z] と有声化している．したがって，この現象は以下のような派生過程を持っていると考えられる．

(30)　　　　　　　　　　　　　　　〈単数形〉　　〈複数形〉
　　　step 1: morphology　　　　　hud　　　　hud-ən
　　　step 2: syllabification　　　　(hud)$_{\sigma}$　　(hu)σ(dən)σ
　　　step 3: syllable-final devoicing　(hut)$_{\sigma}$　　no applicable
　　　　　　　　　　　　　　　　　　　　　　　(Booij (2012))

単数形の step 2 では，音節末尾子音となった有声子音 [d] は，step 3 で，音節末無声化規則の適用によって無声音の [t] に変えられることがわかる．
　一方，複数形の場合は，step 2 の再音節化によって，音節末子音であった"d" が次の音節の語頭子音となったために，音節末無声化規則が適用されずに，有声子音 [d] が維持されたままの形が得られることになる．
　そして，このような例で見られる形態構造と音韻構造の不一致という現象が起きる過程は，次のように図示することができる．

(31)

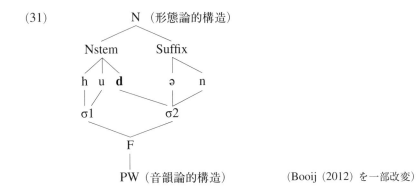

（Booij（2012）を一部改変）

（31）からは，太字の [**d**] が，形態論的構造では，最初の単語（要素：N-stem）の最後の形態素の位置にある一方，音韻的構造では，2 つ目の音節（σ2）の最初の分節音（頭子音）の位置にきていることが明確に表示されており，形態構造と音韻構造の不一致が起きていることを的確に確認できる．

7.　英語のリズムルールと音律範疇の形成

　次に，英語の強勢の衝突を避けるための音韻規則として，有名なリズム規則（Rhythm Rule: RR）が挙げられる．例えば，thirtéen mén → thírteen mén（W S S → S W S）のように，本来の強勢が別の位置に移動する変化は，英語に好ましい強弱リズム（SW）を作り出すものであり，この規則は様々な観点から，その規則適用の有無が説明されてきている．

　例えば，Hayes（1989）では，同じ名詞句内にある [Chinése díshes]_{NP} は RR が適用されて [Chínese díshes]_{NP} となるが，異なる名詞句に属する [Chinése]_{NP} [díshes]_{NP} は RR が適用されることはないと，統語的観点からの説明が可能であるとしながらも，音律音韻論では，先に述べた統語情報をもとにして構築される音律範疇（Prosodic Categories）の 1 つである音韻句（PP）によっても，的確に説明が可能であるとしている．この場合，前者の構造は 1 つの PP に属しているために RR が適用されるとしているが（Chínese díshes）_{PP}，一方，後者は異なった PP に属していることから（(Chinése)_{PP} (díshes)_{PP}），その音韻適用が阻止されていると説明できる．

20

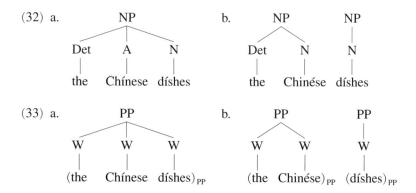

そして，Hammond（1999）はこれらの RR の漸次的適用（条件を満たしていても規則適用を，受けやすいものとそうでないものが併存すること）を，先行する語（第一要素）の使用頻度の観点から，説明をしている．すなわち，先行する語が使用頻度の高い語である時，RR が適用しやすく（ántique book），一方，使用頻度の低い語の場合は（arcáne book），RR が適用されにくくなると指摘できる．

したがって，RR の適用範囲である PP の発話速度による再構築の観点から説明を行ことができる．すなわち，上記で述べた使用頻度の高い先行語と後続語の間の休止の長さは短く，使用頻度の低い先行語と後続語の間の休止は長くなるという観点から，（34a）は 1 つの PP を構成（ántique book）$_{PP}$ するが，（34b）は 2 つの PP を構成（arcáne）$_{PP}$ （book）$_{PP}$ していると考えることによって，RR の適用の有無の漸次性を的確に説明できる．

(34) a.　使用頻度大（休止が短い）：（ántique book）$_{PP}$
　　　b.　使用頻度小（休止が長い）：（arcáne）$_{PP}$ （book）$_{PP}$

英語のリズム規則においても，その規則適用の度合いは，英語のリズム特有の「等時性」とは関係なく，実際に発話に関わる「物理的時間」が関与していると，Hayes（1984）で，以下（35）のように述べられている（太字は筆者によるもの）．

(35)　Hayes also suggests in appendix that the spacing requirement of eurhythmy counts not syllables but **actual time**.　　(Hayes (1984))

また，Kaisse (1990) でも，同様の主張がなされており，(36) のような図示が行われており，実際に強勢と強勢の間の時間が長い単語連続ほど，RR の適用率は低くなる（太字は筆者によるもの）.

(36)　Rhythm Rule in English（英語のリズム規則）

a.　Tenness**ée** abbrevi**á**tions　　(adjustment least likely：適用率小)

b.　Tenness**ée** legisl**á**tion

c.　Tenness**ée** conn**é**ctions

d.　Tenness**ée** r**é**latives　　(adjustment most likely：適用率大)

(Kaisse (1990))

8.　英語の口蓋化と音律範疇の形成

　次に挙げる音韻範疇は，統語論における名詞句（句構造）とほぼ同じ構造が対応している音韻句（Phonological Phrase: PP）と音韻語（Phonological Word: PW）の間に位置する接語グループ（Clitic Group: CG）である．この接語グループを音韻規則の適用領域とする音韻規則は英語の口蓋化規則（English Palatalization）が挙げられる．この英語の口蓋化規則は，後語彙部門[1]においてはその適用領域を接語グループとしており，語彙部門においては音韻句より小さな単語レベルに対応している音韻範疇である音韻語（Phonological Word: PW）でも適用領域となっている．

　しかし，語彙部門においては音韻句においての英語の口蓋化規則の適用は，範疇的（categorical）であり，この事は，この音韻規則の適用が有るか，無いかの明確な区別が存在することを示している．一方，後語彙部門における英語の口蓋化規則の適用は漸次的（gradient）であり，これは音韻規則の適用結果が完全なものから不完全なものまでの段階的に現れるということを

---

[1]　語越えた句や文を扱う部門.

22

示唆している.

(37)　英語の口蓋化規則 (English Palatalization)

[s] → [ʃ]/[＿＿ [j]]$_{CG}$

Domain: Clitic Group (CG：接語グループ)

(38)　　　〈語彙部門〉　　　　　　　　　　〈後語彙部門〉

　　a.　[[mission]PW　　　　　　b.　[miss you]$_{CG}$

　　　[s] [j] → [ʃ]　　　　　　　　　　[s] [j] → [ʃ]

　　　　　　　　　　　　　　　　　　　[s] [j] → [s] [j]

　　　適用形式：範疇的（絶対的）　　　漸次的（段階的）

また，Bush (2001) でも，以下に見られるように，使用頻度の低い (38a) の場合には，2語にまたがる口蓋化 (palatalization) が適用されず，使用頻度の高い (38b) の例では適用されていると指摘している．つまり，口蓋化が適用される条件は (40) のようにまとめることができる.

(39) a.　… they didn't talk goo[d] [y]ou know.

　　　　　　　　　([d] [j])$_{CG}$ → [dj]（口蓋化が適用されない）

　　 b.　would[d] [y]ou like me to teach you how to swim?

　　　　　　　　　([d] [j] → [dʒ])$_{CG}$（口蓋化が適用される）

(40)　[W]ord boundary palatalization is more likely between two words

　　　if these words occur together with high frequency.　(Bush (2001))

　　　（2つの語が併用される頻度が高いと口蓋化が起きやすい.）

この Bush (2001) の指摘は使用頻度に基づく，口蓋化規則適用の度合いの違いを説明する一方，発話速度の違いによって，形成される接語グループ (CG) の領域の相違に基づいて，的確に説明することが可能であり，(41) に示す口蓋化の現象は (42) のように定式化することが可能である（Φは休止を示す）.

(41) a.　Low frequency（使用頻度が低い）：[d] [j] → [dj]

　　　(good)$_{PW}$ Φ (you)$_{PW}$ → (good)$_{CG}$ (you)$_{CG}$

  b. High frequency（使用頻度が高い）: [d] [j] → [dʒ]

   (Would)_{PW} (you)_{PW} → (Would you)_{CG}

(42) a. Obligatory palatalization : Internal Words

    （義務的口蓋化）   （語内部）

  b. Optional palatalization I: High frequency → applied

    （随意的口蓋化：語を越えた領域） （高い頻度） （規則適用）

  c. Optional palatalization II : Low frequency → not applied

    （随意的口蓋化：語を越えた領域） （低い頻度） （規則不適用）

このような使用頻度の観点からは，以下に挙げるような個別の語の内部における音韻変化にも大きな影響を及ぼしていると言える．まず，アメリカ英語で見られる弾音化（flapping）という現象でも，次のように使用頻度の高い語ほど，その適用率が使用頻度の低いものより，高いといえる．

(43) 弾音化（flapping）

  使用頻度＝高い＝適用率大 使用頻度＝低い＝適用率小

  vani[ɾ]y   ami[t]y, ami[ɾ]y

  encoun[ɾ]er   enchan[t]er, enchan[ɾ]er

また，音韻変化を受けやすい語は，構造の複雑でない単純語のほうが，構造的に複雑な合成語（派生語）よりも受けやすいとされている．

(44) 弾音化（flapping）

  単純語（単一形態素：water） 派生語（複雑：dirt＋y）

  wa[ɾ]er   dir[ɾ]y, dir[t]y

さらに，これも英語の音韻現象である，弱母音脱落（schwa vowel reduction／schwa deletion）でも，使用頻度に基づき，脱落の有無や割合が異なっているのも事実である．すなわち，使用頻度の高い語では，弱母音脱落が生起しやすい一方，使用頻度の低い語では，脱落は起きにくい，説明される．

(45) 弱母音脱落（schwa deletion）

使用頻度＝高い＝適用率大　　　　使用頻度＝低い＝適用率小

gen[e]r[a]l　　　　　　　　　　ephem[e]r[a]l

diam[o]nd　　　　　　　　　　di[a]lect

mem[o]ry　　　　　　　　　　mamm[a]ry

（[ə] → φ）　　　　　　　　　　（[ə] > φ）

9.　音韻語形成の役割

　また，音律音韻論における音律範疇の1つである音韻語（phonological word: PW）も語形成における派生過程で重要な役割をしている．

　この音韻語の役割とその形成については，Booij and Rubach（1984）においても類似した提案がなされている．彼らによれば，クラス I 接辞はこう着接辞（cohering affixes）とよばれ，前の音韻語に吸着されて，1つの音韻語になる．一方，クラス II 接辞は非こう着接辞（non-cohering affixes）とよばれ，前の音韻語とは独立して，新たな音韻語を形成するとされている．これらの特徴を示した語の派生過程は（46）のように表示されることになる．

(46) a.　クラス I こう着接辞（cohering affixes）　　　　: -ity
　　　b.　クラス II 非こう着接辞（non-chohering affixes）: un-
　　　c.　(un)_{PW} (grammatical-ity)_{PW}

(Booij and Rubach (1984))

　さらに，（46）にみられるように，Szpyra（1989）においても，同じように，クラス I 接辞とクラス II 接辞の違いが，定義され，定式化なされている．その働きと機能は，Booij and Rubach（1984）とほぼ同じものであり，クラス I 接辞は，語基などと融合して1つのクラス I 接辞語を形成しているが，クラス II 接辞は，語基などとは独立して，単独で2つ目の音韻語を形成することになることを示唆している．例えば，（48）の例でいえば，クラス I 接尾辞の -ity は pure と音韻語を形成して派生しているが，クラス II 接

頭辞の un- は natural と音韻語を形成しないため，un- も natural もそれぞれ独立した音韻語となっていることを示している．

(47)　　　　　　　　Suffixes　　　Prefixes
　　a.　Class I　　+ X　　　　X +
　　　　Class II　[+ X]　　　[X +]
　　b.　[　] → ([　]) $_{PW}$　　　　　　　　　　　　(Szpyra (1989))

(48)　purity　　　→ (purity) $_{PW}$
　　　unnatural　→ (un) $_{PW}$ (natural) $_{PW}$
　　　musician　→ (musician) $_{PW}$
　　　bombing　→ (bomb) $_{PW}$ (ing) $_{PW}$
　　　hindrance → (hindrance) $_{PW}$
　　　hinderer　→ (hinder) $_{PW}$ (er) $_{PW}$　　　　　　(Szpyra (1989))

したがって，上記の枠組みよって，ungrammaticality という語は (49) のような音韻語から構成されることになる．

(49)　Lexicon　　(grammatical) $_{PW}$
　　　Class I　　(grammatical + ity) $_{PW}$
　　　Class II　　(un) $_{PW}$ (grammatical + ity) $_{PW}$

そしてまた，(50)，(51) のように定義することによって，英語の失語症患者にみられるその他の脱落要素についても，説明を試みてみてみると，音韻語の存在の妥当性が明らかになる．

(50)　… function words, like the plural marker -s and the nominaliza-tion suffixes -ness and -ing, are not phonological words.

(Kean (1977))

（複数形の -s のような機能語や名詞を作り出す -ness や ing は音韻語ではない）

(51)　Items which are not phonological words tend to be omitted in the language of Broca's aphasics.　　　　(Kean (1977))

（音韻語ではない要素は，ブローカ失語症患者の言語において，削除される傾向がある）

上記の定義（や Kean（1977））にしたがって，英語の失語症患者の脱落要素である，音韻語の外側に位置する機能語である屈折接尾辞や冠詞などの脱落も的確に説明することができる．つまり，(52) に示したように，look および book のみで音韻語を形成するため，屈折接尾辞の -s，-ing，-ed そして定冠詞の the が脱落してしまうという事実をうまく説明できることになる．

(52) a. [# [# look #] s #]　→ (look)$_{PW}$ (s)

　　 b. [# [# look #] ing #]　→ (look)$_{PW}$ (~~ing~~)

　　 c. [# the [# book #] #]　→ (~~the~~) (book)$_{PW}$

　　 d. [# [# look #] ed #]　→ (look)$_{PW}$ (~~ed~~)

10.　生成音韻論と語形成過程

次に，生成音韻論における，代表的な音変化の現象の説明例として，英語の軟口蓋閉鎖音（velar stop: [g]）と軟口蓋鼻音（velar nasal: [ŋ]）の生起状況が，生成音韻論の規則の適用によって的確に説明できることを示す．英語の単語の違いによる軟口蓋閉鎖音（velar stop: [g]）と軟口蓋鼻音（velar nasal: [ŋ]）の生起状況の違いは (53) に見られるような違いがある．

(53) a. finger [fi[ŋ][g]ər]

　　 b. singer [si[ŋ]ər]

　　 c. longer [lɔ[ŋ][g]ər]

これら 3 つの単語における発音の違いは，以下に挙げる 2 つの音韻規則の適切な順序付けによって，的確に説明される．音韻規則（I）は軟口閉鎖音 [g] の直前にある歯茎鼻腔閉鎖音 [n] を軟口蓋鼻音 [ŋ] に変えるもので，音韻規則（II）は語末（# は語末を示す記号です）における軟口閉鎖音 [g] を脱落させる音韻規則である．

(54)　(I)　[n] → [ŋ] / ___ [g]

　　　(II)　[g] → [φ] / [ŋ] ___ #

これらの音韻規則が，(I)(II)の適用順序において，以下に示す基底表示（綴り字発音に近いもの）に適用されることになる．なぜなら，本来，英語の発音は古期英語（Old English: OE）の時代には綴り字と音が基本的には1対1の対応をしており，(53)で挙げられたそれぞれの単語は以下のような基底表示を持っていると考えられるからである（＋は形態素の境界を示す）．

(55) a.　singer [siŋg#ər]　　　cf. X X X X　"sing"

　　 b.　finger [fiŋgər]　　　　　｜ ｜ ｜ ｜

　　 c.　longer [lɔŋg + ər]　　　 s　i　n　g

(55) に挙げられた基底表示に音韻規則が適用させられると以下のような派生が行われることになる．

(56) a.　singer　　　b.　finger　　　c.　longer

　　　　[siŋg#ər]　　　[fiŋgər]　　　[lɔŋg + ər]（UR：**基底表示**）

　　　　[siŋg#ər]　　　[fiŋgər]　　　[lɔŋg + ər]（I）[n] → [ŋ] / ___ [g]

　　　　[siŋ#ər]　　　[fiŋgər]　　　[lɔŋg + ər]（II）[g] → [φ] / [ŋ] ___ #

　　　　[siŋər]　　　 [fiŋgər]　　　[lɔŋgər]（PR：**音声表示**）

(56) からは，語境界を持つ (56a) では，音韻規則 (II) の適用によって，軟口蓋閉鎖音 [g] が削除されて，音声表示が得られるが，(56b)(56c) では，それぞれ語境界のないことや，形態素境界の存在によって，音韻規則 (II) の適用が阻止されることになり，軟口蓋閉鎖音 [g] は削除されずに音声表示に残ることになると説明される．

　上記で述べられた形態素境界（＋）は生成音韻論の派生で重要な役割をしており，以下のような音韻規則である，軟口蓋軟音化規則（velar softening）の適用の有無についても，その説明に関わっている．

28

(57) [k] → [s] / ___ +i   ([k] → [s] / ___ {ity, ism, ify, ize})

(Hyman (1975))

したがって，この音韻規則の適用は，以下のような例において，適用され
て，音声変化が生じている事が確認することができる．

(58) [k] → [s]
   a. electric [k] : electri[s] + ity "electricity"
   b. critic   [k] : criti[s] + ism   "criticism"

(Hyman (1975))

また，形態素境界（＋）を持たないような，次にあげられるような語は，軟
口蓋軟音化規則（velar softening）の適用を受けないと説明される事が示さ
れる例である（＊は不適格であることを示す）．

(59) a. [k]ill, [k]ey, [k]it, [k]ite → *[s]
   b. spoo[k]#y, haw[k]#ish, pac[k]#ing → *[s]

(Hyman (1975))

また，単語の最後に接尾辞という要素が，新たに付加されるともとの単語の
発音が変化する場合もある．以下の例では，接尾辞（-dom, -th や -ity な
ど）が付加された後に，もとの単語の母音が二重母音から単母音に変化して
いる事実や，その他の接尾辞（-ic, -ity, ian）などが付加されるとそれらの
単語の強勢の位置が移動する事が示されている．

(60) a. wise [waiz] → wis-dom [wiz-dəm]
   b. wide [waid] → wid-th [wid-θ]
   c. divine [divain] → divin-ity [divin-əti]
   d. ac[á]demy + ic → acad[é]mic
   e. n[á]tional + ity → nation[á]lity
   f. [í]taly + ian → It[á]lian

11.　連濁と形態構造

　2つの単語の連続し複合（複合語化）する時，前部構成要素の単語の末尾の音声の影響によって，後部要素となる単語の語頭音が濁音化する現象のことを連濁（Rendaku）と言う．

(61) a.　iro＋kam　→ iro＋[g]ami
　　 b.　yu＋toofu → yu＋[d]oofu

そこで，この連濁を形態構造に基づいて規則化すると次のようになる（ここでの [＋voice] は濁音を示す）．

(62)　連濁 (Rendaku: Sequential Voicing Rule (Rendaku formulation here adapted from Otsu (1980)))
　　　C → [＋voice]／　　　]＋[＿＿ X]
　　　Condition: X does not contain [＋voice, −son]

しかしながら，複合語の後部要素にすでに濁音が存在する時には，この連濁化は，以下のように阻止されることになる．

(63) a.　[kami]＋[kaze] → [kami＋*[g]aze]
　　 b.　[doku]＋[tokage] → [doku＋*[d]okage]

この現象は次のように定義される Lyman's Law（ライマンの法則）によって説明される．

(64)　Lyman's Law（ライマンの法則）: Blocking of sequential voicing in stems containing voiced obstruents (Lyman's Law, OCP on [＋voice, −son])

また，複合語でも，以下の (65)–(67) で，見られるような並列複合語では，連濁は生起しない．

(65) a. ヤマガワ（山川＝山にある川）　→ [　　　　　]Wd

　　 b. ヤマカワ（山川＝山と川）　　　→ [　　]Wd [　　]Wd

(66) a. アテナガキ（宛名書き）　　　　→ [　　　　]Wd

　　 b. ヨミカキ（読み書き＝読みと書き）→ [　　]Wd [　　]Wd

(67) a. オビレ（尾鰭＝尾の鰭）　　　　→ [　　　　]Wd

　　 b. オヒレ（尾鰭＝尾と鰭）　　　　→ [　　]Wd [　　]Wd

(窪薗（1995））

さらに，この連濁は日本語の中の，和語（Native Japanese: NJ）のみに適用され，漢語（Sino-Japanese: SJ）や外来語（Foreign Word: FW）では適用されないと一般的には主張されている．そこで，この適用状況をうまく説明するために日本語の単語が次のように階層化されており，一番深い層に位置する和語のみに適用されている．

(68)　日本語の単語階層

　　 [外来語（FW）]
　　　　　│
　　 [漢語（SJ）]
　　　　　│
　　 [和語（NJ）]

　　 a.　[biwa]＋[ko]　 → [biwa＋*[g]o]（琵琶湖：漢語）

　　 b.　[rein]＋[kooto] → [rein＋*[g]ooto]（レイン・コート：外来語）

このように，和語や外来語では基本的には連濁が生じない事から，（69）の定式は次のように修正される事になる．

(69)　連濁（Rendaku: Sequential Voicing Rule（Rendaku formulation here adapted from Otsu（1980）））

　　 C → [＋voice]/　　]＋[＿＿ X]

　　 Condition: X does not contain [＋voice, − son]/[＿＿ X] is NJ

上記のように定式化すれば，連濁が和語のみに適用され，漢語，外来語では，適用されないことが明確に示すことが可能となる．

(70) a.　[yu] + [tofu]　→ [yu + [d]oofu]_{NJ}

   b.　[biwa] + [ko]　→ [biwa + *[g]o]_{SJ}（琵琶湖：漢語）

   c.　[rein] + [kooto] → [rein + *[g]ooto]_{FW}（レイン・コート：外来語）

しかし，実際には，連濁の適用は，上記で示された日本語の語彙階層におい
て絶対的に適用されるものではなく，以下のような適用率における相違とい
うものが存在する．

(71)　NJ（87%）> SJ（10 〜 20%）> FW（0 または例外的に適用）

(Irwin（2011））

漢語の一部（間（けん）→ 人間（にんげん），徳（とく）→ 功徳（く<u>ど</u>く））や
外来語においては，連濁が適用されている場合がある．特に江戸時代などに
借用された外来語は，以下に挙げるような外来語においても連濁が生じる場
合があり，これは本来は外来語であった語が長い歴史を経ることによって現
代においてはもうすでに日本人にとっては外来語とは感じることが無くな
り，(68) における外来語の層から和語の層へと移動したと考えることに
よってうまく説明することが可能となる．

(72) a.　ama + [kappa]_{FW} →

   ama + [[g]appa]_{NJ}（外来語（ポルトガル語）：FW → NJ）

   b.　kuwae + [kiseru]_{FW} →

   kuwae + [[g]iseru]_{NJ}（外来語（カンボジア語）：FW → NJ）

このような，外来語の層から，和語の層への移行というものも，日本語にお
ける形態構造の範疇の再構築と考えることができる．

(73)　日本の語彙層の再構築

   [外来語（FW）]

   　↓

   [和語（NJ）]

これらの形態構造の範疇が，（74）のような例では史的な変遷を経ることに
よって，再範疇化が起きることによって，連濁が本来外来語であるような場
合にも適用されると考えられる．しかしながら，昭和時代以降に借用された
外来語では，連濁が決して起きていないことにも注意しなければならない．

(74) a. [ama] + [kappa]$_{FW}$ → [ama + [g]appa]$_{NJ}$

b. [kuwae] + [kiseru]$_{FW}$ → [kuwae + [g]iseru]$_{NJ}$

c. [garasu]$_{FW}$ + [keesu]$_{FW}$ → [garasu + *[g]eesu]$_{FW}$（昭和借用）

さらに，この連濁現象は，日本人の苗字の発音とも関わっており，苗字の前
部要素の濁音がある場合は，後部要素で濁音化が阻止されことになり，そう
でない場合は，後部要素の発音にはゆれ（清音か濁音のいずれか）が見られ
る．

(75) a. [si**b**a] + [ta] / *[da]（柴田）

b. [na**g**a] + [sima] / *[zima]（長嶋）

c. [si**m**a] + [ta] / [da]（島田）

d. [na**k**a] + [sima] / [zima]（中島）

12. まとめ

以上，本章では，形態構造における基本的構造および内部構造等が，音声
学・音韻論の構造とどのように関連・機能しているのかを分析してきた．こ
れらの内容から，語彙音韻論の枠組みのように形態論と音声学・音韻論の分
野は，お互いの相互関係および相互作用に基づいて言語機能として運用され
ているのを明確にすることができた．

第 2 章

方言でみるカテゴリーと形式のインターフェイス*

島田雅晴（筑波大学）

1. はじめに

　20 世紀半ばにノーム・チョムスキーにより提唱された生成文法理論では，私たちヒトが言葉を使えるのは「言語機能」という種に固有のしくみが生得的に万人に備わっているからだとされている．それはヒトの脳に生まれや育ちに関わらず備わっているものであり，「心的文法」などとも呼ばれる．そして，ヒトが母語として獲得できる言語であれば必ず満たしている普遍的な原理・原則と，ヒトの言語に英語，日本語などの多様性をもたらすしくみの 2 つの内容を含んだものであると考えられている．

　言葉を発し，理解するという言語活動において，通常私たちはこの心的文法のしくみや働きを意識することはない．生成文法理論に基づく言語研究，それを生成言語学と呼ぶとすると，生成言語学は，ヒトの心／脳に内在する心的文法のしくみを言語データに基づいて明示的にすることを目的としている．そして，ヒトの生物としての特徴を明らかにする研究と位置づけられて

---

　* 本章の内容は長野明子氏（静岡県立大学）との共同研究によるところが大きい．小野雄一氏（筑波大学），納谷亮平氏（筑波大学），三上傑氏（大東文化大学），若松弘子氏からも様々な段階で有益な意見をいただいた．また，JSPS 科研費 16H03428，16K13234，20H01268 の助成を受けている．さらに，クックパッド株式会社と国立情報学研究所が提供する「クックパッドデータ」も利用している．

いる．今日では，言語をヒトの心／脳に内在する体系として捉える見方は，生成文法理論の枠にとどまらず，広く受け入れられているといっていいだろう．本章では，このような観点から「方言」を研究することでどのような知見が得られるかについて，先行研究の事例を紹介しながら概観する．特に，形態論に関わる部分に焦点をあて，形態論と方言研究の接点をみていくことにする．

2. 方言に基づく研究の論点

「方言」，と聞いて心に思い描くイメージは実に様々なものである．例えば，ふるさとを思い出させるもの，心温まるもの，といった心情的なものもあれば，保護すべき貴重な文化，地域社会を見る窓，といった文化や社会に関するものもあるだろう．方言のそのような側面に思いをはせ，場合によっては真剣に学術的に取り上げることの重要性は，もちろん，論を待つものではない．しかし，ヒトの心／脳に内在する言語のしくみを研究する目的で方言を見たときには少々見るところが違ってくる．

まず，方言は「比較・対照」という概念と密接に結びついている．例えば，「方言」に対して「標準語」というものの存在があって，それらは比較・対照される関係にある．方言と標準語で発音や語彙がいかに異なるか，など日常的にもよく話題になるところである．また，対標準語ということではなく，方言間でも話者はその違いに敏感である．筆者は 3 名からなる調査チームを編成し，2017 年から 2018 年にかけて福岡県の北九州市，福岡市，大牟田市と熊本県の八代市で方言実地調査を行ったが，福岡県と熊本県の方言では，同じ九州の方言でありながら異なるところがあり，それどころか，同じ福岡県内，あるいは，同じ福岡市内でさえ，方言に違いがみられるのである．[1]

[1] この調査は各市シルバー人材センターの協力を得て，延べ人数 99 名，実人数 53 名のインフォーマントを対象に計 16 回行ったものである．ご協力くださった方々にこの場を借りて深く感謝申し上げる．

　生成言語学では日英語を比較するというように，言語の比較・対照研究が
盛んに行われている．単一言語だけではなく，複数の言語を比較・対照して
検討することで，生成言語学が目的としている言語の普遍的性質と言語に多
様性をもたらすしくみの解明が可能になってくるところがある．英語や日本
語といった「言語」はそのデータとなるが，方言はどうであろうか．標準語
と九州方言，あるいは異なる九州方言同士を英語と日本語を比較するように
比較できるものであろうか．このような問題は，例えば，村杉（1998,
2014），吉村（2001）などでも言及され，方言間差異も言語間差異と同じく
心的文法の研究データとみなせることがわかっている．この点では「方言」
も「言語」も違いはなく，言語も方言も同等に研究対象になるのである．

　次に，方言は「変化」という概念とも関係がある．方言の使用には世代間
でよく違いがみられる．当該方言のある語が年配の人には理解できるが，若
者には理解できない，というようなことはその一例である．また，生活様式
の変化や地域間の時間的・精神的距離が縮まったことで言葉の標準語化が進
み，若者は方言を使わなくなった，ということなども誰でも耳にしたことが
あるだろう．これが意味することは，方言は変化するということである．そ
して，標準語化は「標準語」という方言と別の方言が交わることで進むもの
だとすれば，方言に見られる変化とは方言同士の「接触」の結果起きたもの
だといえる．言語学では，ある言語がある言語と接触する現象を「言語接触
（Language Contact）」とよび，それにより当該言語がどのような影響を受
け，どのように変化するか，という研究がなされてきた．方言同士の接触も
言語接触研究にとって重要な資料となるのである．

　以上まとめると，村杉（1998: 228）がいうように，「いわゆる「言語」と
いわゆる「方言」は，言語理論研究に対して，同じステイタスで貢献できる」
のであり，特に，①比較・対照研究と②言語接触研究に関係してくるのであ
る．本章では語彙論，形態論，形態・統語論に関連した①，②の具体事例を
先行研究からあげて，方言による心的文法の研究を概観する．データは主に
日本語の方言とし，筆者の九州方言調査から得られたデータも適宜紹介す
る．本章の以下の構成は次の通りである．3 節では，方言間の機能語の分布
について取りあげ，分離仮説（The Separation Hypothesis）という形態論の

36

考え方や言語の多様性が外在化（Externalization）というしくみと関係しているとする生成言語学の考え方に触れる．4節では，方言同士の言語接触について検討する．特に，語彙の変化，他の方言のとりこみの現象について検討し，同義性回避（Synonymy Avoidance）という考え方や「挿入（Insertion）」という借用に関わる操作をみていく．5節はまとめである．

3. 機能表現の方言間比較

　形態論は語のしくみや成り立ちを研究する分野であるが，語は内容語（content word）と機能語（function word）に大別される．前者は，名詞，動詞，形容詞などの品詞を持つもので，概念的な意味内容を表す語である．後者は助詞，接続詞，接辞，あるいは法（Mood），相（Aspect），時制（Tense）などを表す要素である．機能語は，我々を取り巻くコトやモノを表すものでなく，内容語をつないで文を構成する文法的要素である．内容語は，生成文法理論でいうところの語彙範疇（lexical category），機能語は機能範疇（functional category）にそれぞれ相当すると考えてよい．生成文法理論では，言語の多様性の源を機能範疇の性質に求めるとする考え方がある．この節では，方言間の機能語のふるまいの違いに着目した研究をいくつかみていく．3.1節では，標準語の「の」に対応する富山方言，八代方言の要素について，Murasugi（1991）や吉村（2001）の研究をとりあげる．3.2節では，3.1節でみた方言間差異を分離仮説や外在化の観点からみる．3.3節では，3.2節の論考を踏まえ，長野・島田（2019）が論じた標準語と福岡方言の文末表現の違いを紹介する．3.4節では，相表現「～てある」が標準語と福岡方言では異なるふるまいをすることを観察し，3.1節，3.3節でみた方言間差異と比較する．

3.1. 標準語「の」の方言対応形

　標準語の「の」には様々な用法があるが，Murasugi（1991）は「の」に3種類あると論じている．属格の「の」，名詞の「の」，補文標識の「の」である．属格の「の」は，例えば，所有を表す次のような例における「の」である．

(1)　太郎の本

これは，英語の *-'s* に相当するもので，生成文法理論でいうところの範疇 D
である.

　名詞 N に相当する「の」は，例えば，名詞代用表現の「の」で，代名詞あ
るいは形式名詞とされることもある. 次の例の下線部がそれにあたる.

(2)　太郎は青い帽子が赤い<u>の</u>より好きだ.

(2) の「赤いの」は「赤い帽子」の意味である. つまり，「の」は「帽子」を
意味する名詞の代用表現である. (2) は英語になおすと (3) のようになり，
(2) の「の」は英語の代用表現である one に似ているといえる.

(3)　Taro prefers a blue hat to a red one.

　補文標識とは節を導く要素で，英語では *that* がそれにあたり，範疇は C
である. 英語で補文標識の *that* が典型的に表れるのは，例えば，(4) のよ
うな強調構文（分裂文）においてである.

(4)　It was this paper that Taro criticized.

強調構文とは「*it is* 〜 *that* 〜」の形を持つもので，このときの that が補文
標識の C である. (4) を通常の文になおすと (5) のようになる.

(5)　Taro criticized this paper.

この中で強調したい部分を分離して *it is* と *that* の間に置き，*that* 節以下を
前提部分と解釈することで強調構文としての効果が出るわけである. 日本語
にも強調構文は存在し，(4) の日本語版は次のようになる.

(6)　太郎が批判したのはこの論文をだ.

(6) は (7) のような文をもとにした強調構文で，日本語の強調構文は「〜
のは〜だ」という形式をとる.

(7)　太郎がこの論文を批判した.

38

「だ」の直前に生起するものは強調された要素で,「〜のは」の部分は前提部分,英語でいえば, *that* 節に相当するところである.(7)の目的語「この論文を」を「だ」の直前に置くと(6)のような強調構文になる.そして,「〜のは」の「の」が補文標識 C である.[2]

　以上をまとめると,標準語では属格(D),名詞(N),補文標識(C)が同じ形式をとるということであるが,方言ではどうであろうか.方言の中には形式を変えるものがあることがこれまでの研究でわかっている.例えば,Murasugi(1991)によれば,(8)の標準語を富山方言にすると(9)のようになるという.

(8) a.　太郎の本(属格の「の」)

　　b.　赤いの(名詞の「の」)

　　c.　どろぼうが金を盗んだのはここからだ.(補文標識の「の」)

(9) a.　太郎の本(属格の「の」)

　　b.　赤い<u>が</u>(名詞の「が」)

　　c.　どろぼうが金を盗んだ<u>が</u>はここからだ.(補文標識の「が」)

属格は標準語でも富山方言でも「の」であるが,名詞代用表現の「の」と補文標識の「の」は,(9)の下線部に示されているように,富山方言では「が」となる.つまり,富山方言では,属格と他の2つは形式が異なり,文法的に区別されている.

　富山方言では名詞代用表現と補文標識が「が」という同じ形式をとるが,方言によってはこの両者の形式が異なる場合もある.吉村(2001)は熊本の八代方言でそれを観察している.まず,名詞代用表現について,(10a)の標

---

[2] (6)に似た文で次のようなものがある.

(i)　太郎が批判したのはこの論文だ

(6)と(i)の違いは「だ」の直前にくる要素が目的語の格助詞「を」を伴っているかどうかである.目的語格助詞や「から」,「と」のような後置詞を伴わないものが「だ」の直前に生起する(i)のような文には,強調構文ではなく,「の」を N の代用表現とする構造も想定できる(Hoji(1990)).その場合は,「太郎が批判したものは」,という解釈になる.よって,本章では日本語の強調構文の例は強調されている要素が目的語格助詞あるいは後置詞を伴うものに限定する.

準語による文とそれに対応する（10b）の八代方言を吉村（2001）から引用
してみる．

　（10）a.　赤いのを食べた．
　　　　b.　赤かつば食べた．

八代方言では，形容詞語尾は「－い」ではなく，「－か」であり，標準語の
「赤い」は「赤か」になる．また，目的語の格助詞は「ば」である．その上で
（10a）と（10b）を比較してみると，標準語の名詞代用表現「の」に相当する
ものとして八代方言では下線部の「つ」が使われていることがわかる．つま
り，八代方言では，名詞代用表現は「つ」となる．
　一方，補文標識はどうであろうか．吉村（2001）によれば，標準語の強調
構文である（11a）に対応する八代方言は（11b）である．

　（11）a.　ニューヨークで観戦したのはヤンキース戦をだ．
　　　　b.　ニューヨークで観戦したとはヤンキース戦ばだった．

この 2 つの文を比べると，八代方言で（11a）の標準語の補文標識「の」に
相当するものは，（11b）で下線部となっている「と」であることがわかる．
つまり，八代方言では，補文標識は「と」と表現される．このように，八代
方言では，名詞代用表現と補文標識が別の形式をとるのである．事実，
（10b）で「つ」のかわりに「と」を使うと，また，（11b）で「と」のかわり
に「つ」を使うとそれぞれ非文になることも吉村（2001）は指摘している．[3]

　（12）a.　赤か {つ／*と} ば食べた．
　　　　b.　ニューヨークで観戦した {と／*つ} はヤンキース戦ばだった．

八代方言の属格は標準語や富山方言と同じく「の」であるので，ここまで
で明らかになった標準語，富山方言，八代方言の属格，名詞代用表現，補文

---

[3] 吉村（2001）は，（12a）で「と」を用いた「赤かとば食べた」という表現について，自
分では用いないものの，聞けばわかる，という判断をする八代方言話者がいることにふれ，
「と」という形式が徐々に名詞代用表現を表す形式としても広がりつつある可能性を指摘し
ている．

標識の形式をまとめると次のようになる.[4]

	属格	名詞代用表現	補文標識
標準語	の	の	の
富山方言	の	が	が
八代方言	の	つ	と

表1：属格，名詞代用表現，補文標識の形式

標準語ではすべてで同じ形式，富山方言では属格以外は同じ形式，八代方言ではすべてで異なる形式を用いていることがわかる.

3.2. 分離仮説と言語の多様性

3.1 節では，属格，名詞代用表現，補文標識という機能表現の表出の仕方に方言間で違いがあることをみた. この節では，このことが生成言語学，あるいは形態論といった，言語の理論的研究に対してどのような意味合いをもつのかを考える.

Murasugi (1991) によれば，標準語の「の」という形式は属格 (D)，名詞 (N)，補文標識 (C) という異なる 3 つの範疇を表すということであったが，読者の中には，「の」という 1 つの形式，形態に対して複数の異なる文法範疇が対応しているというのはおかしい，と感じる方もいるかもしれない. 1 つの形態に対して 1 つの機能が対応している，という方が確かにわかりやすいように思われる. これは，形態が同じであれば機能も同じである，という考え方であるが，実際はそうなっていないことがよくあるのである.

例えば，英語の屈折形態素の -s を考えてみよう. これは動詞に付加して，*likes* のような語を作り出すが，その動詞がとる主語の人称が三人称である

---

[4] もちろん，ここにあげた以外にも当該機能語の形式はある. 例えば，標準語の補文標識には，「の」に加えて，「食べましたか」のように疑問を表す「か」や「食べたことを忘れた」のように節を導く「こと」がある. しかし，本節の目的はあくまでも方言間の機能語の対応関係を見ることなので，例えば，強調構文，というように環境を指定して，その特定の環境下での生起を比較しなければならない. そのため，本論に特に関係してこない機能語は表 1 からはずしてある.

こと，また，数が単数であること，時制が現在時制であることを示している．一方，可算名詞に付加して，*books* のような語を作り出すこともあり，その場合は数が複数であることを示している．このように，同じ -*s* でありながら，動詞に付加して主語の人称・数，時制を表すこともあれば，名詞に付加して複数を表すこともある．形態は同じでも，機能が異なっているのである．機能要素が持っている性質をより抽象的に規定したものを素性（feature）と呼ぶことがあるが，形態と素性は1対1の関係になっているわけではない．機能要素に関わる形態と素性はコインの裏表のように表裏一体になっているというよりは，互いに独立して存在し，形態具現規則という両者を結びつける仲立ちがあってはじめて関係を持つことができると考えられている．このような考え方を「分離仮説」とよぶ．[5]

　分離仮説の観点から再度表1を見てみると，どのように理解できるであろうか．属格，名詞代用表現，補文標識という機能語は心的文法の中では抽象的な素性として存在しており，一方で機能語の形態具現形の候補として「の」，「が」，「つ」，「と」などが単なる音形として独立して存在している．そして，標準語では，属格，名詞代用表現，補文標識それぞれに音韻具現するときの形として「の」を付与する，という形態具現規則がある．他方，富山方言では，属格に「の」という形式を，名詞代用表現と補文標識に「が」という形式を与えるというのが形態具現規則となる．同様に，八代方言にも，属格，名詞代用表現，補文標識に具現形を付与する形態具現規則があり，それぞれ「の」，「つ」，「と」で具現するようになっている．

　形態と意味（素性）が独立して存在し，両者は別途形態具現規則で対応関係が決まる，という分離仮説の興味深い点は，形態と意味を結びつける形態具現規則は固まったものではなく，様々に異なりうるものである，というと

---

[5] いわゆる「語彙素基盤の形態論（Lexeme-based Morphology）」に基づく Beard (1995) の理論をはじめ，分離仮説をとる形態理論は多い．分散形態論（Distributed Morphology）もその一つと考えてよい．また，後で触れるように，極小主義（Minimalism）も分離仮説と親和性のある考え方である（Chomsky (2016)）．なお，長野 (2018) や西山・長野 (2020) には，語彙素基盤の形態論や分離仮説についてコンパクトで，かつ，詳細な説明があり，有用である．

ころにある．つまり，今見ている方言間の違いは，この形態具現規則の違い
に集約できることになる．属格，名詞代用表現，補文標識があるかないか，
という機能面に差異があるのではなく，それらの形態具現の仕方に差異があ
るのである．

　この見方は，生成言語学の極小主義における言語間差異に対する考え方と
かなり似ている（Chomsky（2016））．大まかにいうと，極小主義では併合
（Merge）という操作で文や句の階層的な構造を生成し，それに基づいて意
味を計算する．つまり，文の生成と理解は心／脳の中での抽象的な計算体系
の働きによるもので，ここをヒトの言語の本質とし，言語間差異が生じるも
のとは考えない．では，言語間差異が生じるのはなぜかというと，抽象構造
を目に見える形にする時にその規則にバリエーションが認められるからであ
るとする．言語には，ある抽象構造を生成し，それを理解するという処理過
程が一方にあり，その抽象構造を目に見える形にする過程がもう一方にあ
る．[6] 抽象構造を目に見える形にすること，つまり，形態具現させることを
「外在化」といい，形態具現したものには意味解釈につながる構造はない．
まさしく分離仮説である．そして，外在化の規則が異なることで言語に多様
性がもたらされると考えるのである．[7]

　まとめると，3.1 節で紹介した機能表現の方言間差異は，言語の多様性を
もたらす形態具現規則，あるいは外在化の規則の研究に有用な言語データで
あると考えることができる．また，3.1 節でみた事実は，標準語では表面化
しなかった属格，名詞，補文標識という文法面の違いが方言によっては実際
に形になって表れることを意味している．すべて「の」で表す標準語を見て
いるだけでは，属格，名詞代用表現，補文標識という機能要素が心的文法に
実在していることがわかりにくいかもしれない．しかし，方言の中には属格
と名詞と補文標識が異なる形式で生じるものがある．方言のデータがそれら
を特定するヒントを与えてくれるのである．3.3 節と 3.4 節では，さらにい

---

[6] 目に見える形，というのは，聴覚情報でも視覚情報でもいい．前者を使えば音声言語，
後者を使えば手話言語ということになる．

[7] 外在化規則の具体的な内容やそれによる言語間差異の具体的な検証は今後の研究に委
ねられている．

くつか方言間差異に関する現象を筆者の研究から紹介する．3.3 節では，標準語と九州方言の間にみられる文末詞の違いをみる．3.4 節では，標準語と九州方言の相に関わる表現を比較する．どちらも分離仮説に基づいて方言間差異を検討していくことになる．

3.3.　肥筑方言の文末詞

　東条（1953）による伝統的な日本語方言区画論では，九州方言は，図 1 のように肥筑方言，豊日方言，薩隅方言の 3 つに大別される．

図 1：九州方言の伝統的な 3 区画（平山（1997: 2））

この中の肥筑方言には「たい」と「ばい」という平叙文に生起する特徴的な文末詞がある．[8] そして，藤原（1986: 61）が「九州方言の文末詞といえば，まず，「タイ」文末詞と「バイ」文末詞の相関がとりたてられる」というように，これらは方言研究の対象となってきた．伝統的な方言研究のみならず，近年では生成言語学的な研究でも重要なデータとしてとりあげられている．[9]

---

[8] 筆者が福岡市，大牟田市，八代市で行った現地調査でも，頻度の違いこそあれ，両文末詞は現在でも使われていることが確認されている．

[9] 「ばい」と「たい」に関する先行研究については，長野・島田（2019）がまとめて述べているので，ここでは触れない．

この節では，その中の長野・島田（2019）の観察を紹介し，肥筑方言の文末詞，「たい」と「ばい」の分布が標準語ではとらえにくい文の構造を特定するヒントになることをみていく．

　まず，「たい」，「ばい」が生起している具体例からみていく．

(13) a.　太郎は学生ばい．

　　 b.　太郎は学生たい．

(13) では「ばい」あるいは「たい」が「学生」という名詞に付加して文を閉じているが，これが標準語であれば (14) の「学生だ」のようにコピュラの「だ」で終わるところである．[10]

(14)　　太郎は学生だ．

「たい」や「ばい」は形容動詞や形容詞，動詞にも隣接することができる．

(15) a.　太郎は優秀 {ばい／たい}．

　　 b.　太郎は賢か {ばい／たい}．

　　 c.　太郎はりんごを食べた {ばい／たい}．

標準語であれば，「優秀だ」というように形容動詞では「だ」が生起するし，形容詞「賢い」，動詞「食べた」はそのままである．[11] 日本語方言学の研究ではこの「たい」と「ばい」の使い分けが論点となっている．もし使い分けられていて，構造上の違いがあるのであれば，例えば，標準語文の (14) にも (13a) が持つ読みと (13b) が持つ読みがあるはずである．この2通りの読みに対応する構造を標準語のデータから特定しようと試みるよりも，肥筑方言で「たい」文と「ばい」文のふるまいの違いを観察し，そこから言語理論に基づいて構造を特定するほうがはるかにやりやすいのではないかと思わ

---

[10]「たい」と「ばい」が共起することはない．

[11] 標準語にも終助詞の「よ」，「ね」，「さ」などがあるが，これらを肥筑方言の「たい」，「ばい」に相当するものと考えることはできない．なぜならば，「よ」，「ね」，「さ」は疑問詞と共起して，「何よ」，「何だね」，「何さ」といえるが，「たい」や「ばい」は「＊何たい」，「＊何ばい」と不適格になり，文法上の性質が異なるからである．

れる.

　それでは，「たい」文と「ばい」文にはどのような違いがあるのであろう
か. 長野・島田 (2019) は，それを検討するためには生成文法理論の, 特
に，カートグラフィー研究 (Rizzi (1997)) の枠組みで，文の情報構造 (infor-
mation structure) の観点からみることが有効であることを指摘している.[12]

　ある文の「意味」には，その文を構成する動詞の項構造によって決まる意
味（命題的意味）と，その文を構成要素とする談話 (discourse) の流れに
よって決まる意味（談話的意味）とがある. 例えば，「太郎がかつ丼を注文
した」という文を考えてみると，まず，「誰かが何かを注文するという事態
が起こった. 太郎がその事態の動作主（注文した人）で，かつ丼がその事態
の対象（注文されたもの）である」という命題的意味がある. このレベルの
意味は，当該の文がどのような場面で使われるかによらず認められる意味で
ある. 一方，「太郎がかつ丼を注文した」という文には，談話の場面によっ
て変わる種類の意味もある. 例えば，「太郎は何を注文したか」が話題になっ
ている場面では「かつ丼」が焦点となる新情報であり，それを除いた「太郎
が何か (x) を注文した」という部分は前提となる旧情報である. 一方，「誰
がかつ丼を注文したか」が話題になっている場面では「太郎」が文の焦点で,
「誰か (x) がかつ丼を注文した」という部分は前提になる. このような, 談
話場面での機能に応じて文に付与される解釈のことや，解釈付与の仕組みの
ことを，（文の）情報構造という (Lambrecht (1994)).[13]

　情報構造の観点から「ばい」と「たい」の違いをみていくと，まず，*wh* 疑
問文の答えには「ばい」よりは「たい」を使うことが多いことに気づく.

　(16)　　A:　こら何ね.
　　　　　B:　こらあ，はまぐりたい.

(16) は A と B の会話である. A が「これは何ですか」と聞いて，B が「こ

---

　[12] カートグラフィー理論については，遠藤 (2014) のような有益な概説書がある.
　[13] カートグラフィー研究の特徴は，命題的意味だけでなく談話的意味も統語論で処理さ
れるとする点である (Cruschina (2011: Ch. 1), 遠藤 (2014: 第 1 章)).

れは、はまぐりです」と答えているところである。Bはこの疑問文に答える
にあたって、文末に「たい」を用いている。仮に「はまぐりばい」として「ば
い」を用いると、著しく不自然になる。

　そもそもWh疑問文とはどういう性質を持つ文であろうか。先ほどの「太
郎がかつ丼を注文した」の例でもそうであったが、(16A) のWh疑問文で
あれば、「これはxであるが、それは何か」という意味で、「これはxだ」
という談話上前提となっている部分があり、その中に不定要素の変項xが
ある。Bの答えの「はまぐり」はそのxの値を決定する要素である。これ
は、「はまぐり」という1つの値に焦点を定めるということで、「同定焦点」
などとも呼ばれる。

　1つのものに焦点をおくのが「たい」の性質であることは、標準語の「の
だ」文に相当する「とたい」文と「とばい」文の比較からもわかる。

(17) a. 私は [この時計をパリで買ったの] だ.
　　 b. 私は [この時計ばパリで買ったと] たい.
　　 c. 私は [この時計ばパリで買ったと] ばい.　　　　(長野・島田 (2019))

(17a) は標準語の「のだ」文で、この場合の「の」は補文標識であり、「だ」
は焦点に関わる機能要素である (Hiraiwa and Ishihara (2012))。それに対応す
る肥筑方言は (17b) と (17c) であり、補文標識は「の」ではなく、「と」に
なる。そして、「だ」のかわりに「たい」が生じる場合と「ばい」が生じる場
合がある。長野・島田 (2019) によると、「たい」が生じている (17b) では、
「この時計」あるいは「パリ」のどちらかに焦点がおかれる読みになる。標準
語の「あなたはこの時計をパリで買ったのですか」という疑問文で、「この
時計」あるいは「パリ」に焦点がおかれるのと同じである。ところが、「ば
い」が生じている (17c) にそのような同定焦点をともなう読みはない。

　「たい」文のもう1つの特徴は、「対照焦点」の解釈をともなうことがある、
ということである。(13) を再掲する。

(13) a. 太郎は学生ばい.
　　 b. 太郎は学生たい.

（13a）と（13b）にはどのような違いがあるかというと，（13a）は，いわゆる「Topic-Comment」の文となっており，「太郎」を主題にし，「学生」が新情報として導入されている．一方，（13b）は「次郎でなくて，太郎が学生だ」あるいは「太郎は，社会人ではなく，学生だ」という解釈がでる．「次郎ではなく，太郎」，「社会人ではなく，学生」というように，すでに談話に登場していた事柄を打ち消し，訂正するという意味をもつ．そのような文に「たい」は生起するのである．つまり，「たい」が生起している文では，あるものとあるものを対照する対照焦点が関わっている場合があるということである．

　まとめると，「たい」は次の特徴を持つ．

（18）　「たい」文は同定焦点か対象焦点を含む．

同定焦点の場合であれ，対照焦点の場合であれ，「たい」文には「談話情報のアップデート」という性質があるといえる．「これは x である」という前提や「次郎は学生だ」という前提が話し手，聞き手に共有されている中で，「はまぐり」が x の値を決めたり，「次郎」を打ち消して「太郎」にするといった情報の更新，情報の上書きがあるのである．「はまぐり」にとっては x，「太郎」にとっては「次郎」という，それぞれが入るスロットがすでに存在し，その内容が更新されるのである．

　一方，「ばい」文はどうかというと，「談話情報のアップデート」という性質はない．「ばい」文では新情報がただ入ってくるだけである．（13a）の「太郎は学生ばい」では，太郎は何なのか，という問いが前提となっていない状況で，学生である，ということを新情報として談話に挿入する場合に使うのである．また，（17c）では「この時計ばパリで買った」というところ全体が新情報として新規に伝えられていることになり，談話の冒頭で使われても決しておかしくはない．長野・島田（2019）はこのような「ばい」文が導入する新情報を「文末焦点」としている．よって，「ばい」は次の特徴を持つといえる．

（19）　「ばい」文は文末焦点を含む．

48

なお，坪内（2009）は「ばい」文には話し手の聞き手に対する教示機能があると指摘しているが，これは何の前提もなく聞き手の知らない情報が新情報として談話に入ってくるための効果と考えられる．

長野・島田（2019）は，「たい」文は同定・対照焦点を持ち，「ばい」文は文末焦点を持つという観察をもとに，両者が生起する構造の違いを提案している．詳細は長野・島田（2019）に譲るが，簡単にいうと同定・対照焦点の解釈を保証する機能要素と文末焦点の解釈を保証する機能要素は構造上異なる位置をしめる，ということである．肥筑方言では，その機能要素が「たい」あるいは「ばい」で形態的に異なって具現するのであるが，標準語では表面上「学生だ」のように違いが生じないのである．これは，同定・対照焦点と文末焦点それぞれに形式を持つ肥筑方言とそうではない標準語の差である．しかし，標準語でも形態的に見えないだけで，構造は肥筑方言と同じと考えなければならない．標準語でも同定・対照焦点と文末焦点の区別はあるはずである．「たい」と「ばい」の文末詞の現象は，標準語では特定しにくい文法構造をみるヒントとなっており，方言が言語の理論研究にとって重要なデータとなること示す事例の1つといえる．

3.4. 2種類の「〜てある」

3節で最後にみるのは，「〜てある」という相に関する文末表現である．標準語では次のような文に生じる．

(20) a. ケーキが焼いてある．
　　 b. リンゴが切ってある．

(20) に特徴的なことは，形式面では受動態と同じように「ケーキを焼く」，「りんごを切る」のように本来他動詞の目的語である「ケーキ」，「りんご」が主格をともなって生起している点である．そして，意味はケーキを焼き終えた状態，リンゴを切り終えた状態といった結果完了の状態を表している．

島田・長野（2019）や Shimada and Nagano (to appear) によれば，標準

語と福岡方言[14]では（20）のような「〜てある」文に解釈上の違いがみられるという。[15] 標準語では結果完了の意味でしかとれないのであるが，福岡方言ではそれに加えて進行の意味でも読めるのである．つまり，（20a）と（20b）はそれぞれ（21a）と（21b）の解釈も持つ。[16]

(21) a. 誰かがケーキを焼いている．
　　 b. 誰かがリンゴを切っている．

このように，標準語の「〜てある」文は結果完了の1通りの解釈しかないが，福岡方言の「〜てある」文は結果完了と進行の2通りの解釈がある．同じ「〜てある」であっても標準語と福岡方言では機能が異なるのである．

　これは分離仮説の観点からどのように考えればよいであろうか．一見すると，3.1節でみた属格，名詞代用表現，補文標識の具現の違いや3.3節でみた文末詞の具現の有無と同じような説明が可能なようにみえる．しかし，今回は少し事情が異なる．もし，標準語に「〜てある」にかわって（20）で進行解釈をもたらす文末表現があれば，福岡方言では結果完了にも進行にも同じ文末詞「〜てある」をあてるが，標準語では別々の文末詞をあてる，といった理解が可能となる．しかし，標準語には「〜てある」にかわって（20）で進行解釈を可能にする文末表現が見当たらないのである．確かに，標準語には「〜ている」という進行の読みを可能にする表現があるが，（20）で「〜てある」を「〜ている」に置きかえることはできない．

(22) a. *ケーキが焼いている．
　　 b. *リンゴが切っている．

よって，標準語には（20）で「〜てある」のかわりに進行読みを可能にする

---

[14] 筆者の現地調査では，肥筑方言の中でも福岡方言，その中でも一部の話者で確認できた現象である．
[15] 福岡方言では「〜てある」を「ちゃー」と発音する話者がおり，島田・長野（2019）では福岡方言の「〜てある」文を「ちゃー」文とよんでいる．ここでは説明の便宜上，福岡方言の例も「〜てある」で表記する．
[16] 福岡方言の「〜てある」文の進行読みでは，「焼く」，「切る」などの動作を行う者の解釈は不定になる．（21）で主語が「誰かが」となっているのはそのことを意味している．

文末詞がないといわざるを得ない．「〜てある」文に標準語では結果完了の解釈しかないが，福岡方言では結果完了と進行の2通りの解釈があるということはどのように考えればいいのだろうか．

　1つの可能性は，「〜てある」固有の性質としてそれ自体に標準語と福岡方言で違いがあると規定することである．標準語の「〜てある」は1通りの解釈しか持たないが，福岡方言の「〜てある」は2通りの解釈を持つ，というように決めておくのである．しかし，これではただそう決めただけであり，説明に一般性がないのは明らかである．標準語と福岡方言では形態具現の仕方が違う，という外在化の違いに依拠する説明はできないものであろうか．

　そのためには，まず，福岡方言の「〜てある」文の構造を検討しなければならない．島田・長野（2019），Shimada and Nagano（to appear）は，結果完了の「〜てある」文と進行の「〜てある」文の構造を区別している．ここでは議論の詳細には立ち入らないが，結果完了の「〜てある」文と進行の「〜てある」文はそれぞれ（23a）と（23b）の構造を持っていると提案されている．

(23) a.　ケーキが [PRO pro 焼いて] ある

　　　b.　∅ [PRO ケーキが焼いて] ある

（23a）と（23b）の違いで注目してほしいのは，「ケーキが」の位置である．「ケーキが」は結果完了読みでは主語位置，進行読みでは目的語位置にあることがわかる．さらに重要となる仮定として，結果完了読みのときの「ある」と進行読みのときの「ある」は別物である，という考え方が出されている．

　ここで，「ある」には「存在する」という意味の本動詞があることを思い出してほしい．次に例をあげる．

(24)　机の上に本がある．

島田・長野（2019）は，進行の「〜ている」文の「いる」は存在を表す本動詞であるとする松岡（2019）の分析を「ある」にも適用し，（23a）の「ある」は存在を表す本動詞の「ある」だと提案している．まさに，（23a）は「ケー

キがある」ということになり，そのあり方が「焼いて」という部分で示されていることになる．

　一方，進行の「ある」は次のような進行の「～ている」文から派生しているとする．

(25)　誰かがケーキを焼いている．

そして，受動態の接辞「られ」に似た，態を変換する機能要素 Z を仮定する．それが (26) に示すように進行の「～ている」文に付加すると (23b) の構造が派生し，しかも，「いる＋Z」は「ある」という形で具現すると考えるのである．

(26)　[[誰かがケーキを焼いて] いる＋Z]

能動態の文に受動態の形態素が現れると主語がその座を明け渡すように，Z が主語の「誰か」を抑制する．そして，目的語の「ケーキ」は主格でマークされる．ここで重要となってくるのは進行読みの「ある」は表面的な語形であって，形態・統語構造上は「いる＋Z」だということである．結果完了読みの「ある」は存在を表す本動詞で，内容語であるが，進行読みの「ある」は機能要素を含んだ「いる＋Z」が具現した語形であり，それ自身が意味・機能の実体ではない．

　このように考えてくると，「～てある」文に関する標準語と福岡方言の違いは，形態具現の仕方の違いとして説明できることになる．結果完了の「～てある」文の構造は (23a) で，進行の「～てある」文の構造は (26) であった．(26) の構造自体は福岡方言で認められているのであるから，本来標準語でも可能なはずである．抽象的な構造をとりあげて，この構造は言語 A では可能だが，言語 B では不可能である，というような相違が言語間にあることは，3.2 節で紹介した極小主義の観点からすれば，好ましくない．言語間差異は形態具現の仕方に帰すということであれば，(23a) の構造は両方言で具現可能だが，(26) の構造は福岡方言で具現可能でも，標準語では具現不可能だということになる．

　結果完了の「ある」は存在動詞の「ある」であった．(24) の存在構文には

標準語と福岡方言で違いはなく，存在動詞の「ある」をもとにした結果完了の読みの「～てある」文が両方言にあることは極めて自然なことである．一方，進行の「ある」は「いる＋Z」が具現した語形であった．進行の「ある」は機能要素を含んだ抽象構造の形態具現なのである．福岡方言にはその形態具現形，あるいは形態具現規則がある．もし標準語には「いる＋Z」の形態具現形がないのだとすれば，いくら抽象構造が構築され，意味解釈ができたとしても，表に現れる術がないのである．福岡方言と標準語のこの形態具現の違いが「～てある」文の進行読みの有無に反映されているといえる．形態と機能が独立しているとする分離仮説にしたがうとこのような説明が可能になるのである．

4. 言語接触がもたらす変化

3 節では，方言間の機能要素の具現の仕方を比較することが言語の普遍性と多様性を説明する研究につながることをみたが，4 節では，方言が他の方言の影響を受けてどのような変化を起こすのか，をテーマにして，方言研究に言語接触研究の要素があることをみていく．具体的には，日本語の方言を例にして，方言同士の接触で起こる形態論に関わる変化を 2 つ紹介する．

4.1. 同義性回避による語彙変化

方言学の中には方言語彙の分布やその変化を方言地図を用いて研究する方言地理学と呼ばれる分野がある．4.1 節では内容語に目を向けて，まず，方言地理学の研究の中から方言の語彙変化の事例を 1 つ観察する．そして，それに対して形態理論に基づく分析を試みる．

4.1.1. 事例

大西（2018）は，同じ地域の方言を一定の期間をあけて調査し，各時期の方言地図を比較するという「実時間経年比較」とよばれる手法を用いて，方言語彙の変化を調べている．ここでは，その中から富山県下新川地方でみられた「ピーマン」と「唐辛子」を意味する語彙の変化をとりあげる．

　大西によると，富山県東部沿岸の下新川地方では，地域によってピーマンを意味する語が異なり，「コショー」という語を用いるところと「ナンバン」という語を用いるところがあるという．そして，1967 年〜 1970 年とそれから約 5 年を隔てた 1974 年〜 1975 年の調査結果を比較し，この地方の中の入善町という地域で「ナンバン」の使用が一気に広がったと指摘している.[17] 大西はこの語彙分布の変化を唐辛子を意味する語との比較で方言地図を作成し検討している．もともと入善町では「ナンバン」で唐辛子を意味していたからである．

　図 2 は大西（2018: 128）から引用したものであるが，それには 1967 年から 1970 年にかけての「コショー」と「ナンバン」の分布が記録されている．

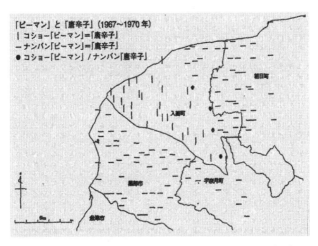

図 2：下新川地方の「ピーマン」と「唐辛子」を表す語彙（先調査）

1967 年から 1970 年において，入善町周辺の朝日町，宇奈月町，黒部市ではピーマンと唐辛子どちらに対しても「ナンバン」という語を使っているが，入善町では，一部東部の朝日町に近い地域では「ナンバン」を使っているも

---

　[17] 実時間経年比較では，時間的に先に行った調査を先調査，後に行った調査を後調査とよんでいる．

のの，広い地域で「コショー」という語を使っているのがわかる．ただ，入善町でも朝日町に近いエリアの一部ではピーマンには「コショー」，唐辛子には「ナンバン」と使いわけている地域がある．

　この語彙分布は，1974 年から 1975 年の調査によると，約 5 年の間に変化したことがわかる．大西 (2018: 129) から引用した図 3 で確認しよう．

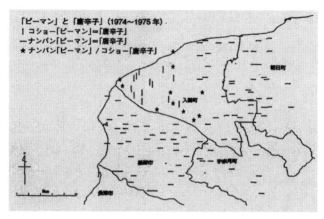

図 3：下新川地方の「ピーマン」と「唐辛子」を表す語彙（後調査）

5 年を経てどのような変化があったかというと，入善町の西部，黒部市に接する地域で「ナンバン」を新たに使うところが多く確認されたのである．しかし，それはピーマンだけを意味し，唐辛子には相変わらず「コショー」を用いていた．つまり，ピーマンに「ナンバン」，唐辛子に「コショー」と 2 つの語彙を使い分けるようになったのである．興味深いのは，「ナンバン」と「コショー」の使い分けは 5 年前にも入善町の東部で確認されていたということである．しかも，その時はピーマンに「コショー」，唐辛子に「ナンバン」があてられていて，1974 年時とはまったくの逆なのである．さらに，図 3 からは，入善町東部で見られたこの「コショー」と「ナンバン」の使い分けが 1974 年には消滅し，その地域ではピーマンにも唐辛子にも一律「ナンバン」を使うようになっていることがわかる．

　以上の観察をまとめると，次のようになる．

(27) a.　1967 年から 1974 年にかけて，入善町の広い地域ではピーマン
　　　　　と唐辛子に対して「コショー」という語が使われていたが，その
　　　　　周辺地域では「ナンバン」が使われていた．入善町でも「ナンバ
　　　　　ン」を使う朝日町と接する地域では一部ピーマンに「コショー」，
　　　　　唐辛子に「ナンバン」と使いわける地域があった．

　　 b.　1974 年から 1975 年にかけて，入善町の西部でピーマンに「ナ
　　　　　ンバン」，唐辛子に「コショー」を使う地域が多く確認できるよ
　　　　　うになった．それと同時に 5 年前に東部で見られていたピーマ
　　　　　ンに「コショー」，唐辛子に「ナンバン」をあてる用法が消滅し，
　　　　　その地域ではピーマンにも唐辛子にも「ナンバン」を用いるよう
　　　　　になった．

大西（2018: 128）はこの変化が起きた理由について，ピーマンが唐辛子よ
りも新しい野菜であるという社会状況の変化に着目して次のように述べてい
る．

(28)　「なお，この急速な変化の背景には，（ピーマンの新規導入のよう
　　　　な）農作物の変化があった可能性が考えられるが，現時点ではその
　　　　確実な証拠は見いだせていない．」

語彙の意味変化の理由として社会要因を考えるのはある意味妥当なことであ
る．しかし，そもそもヒトの言語の文法がそのような変化を認めるようにで
きているものでなければ，その変化は起こるはずもないのである．社会要因
を検討することは，語彙変化を促す文法のしくみを稼働させたきっかけを特
定することにほかならず，この意味では確かに意義のあることではあって
も，このような変化をもたらす言語そのものが持つ性質はこれとは別に考え
なければならない．その性質とは「同義性回避」とよばれるものである．
4.1.2 節では同義性回避で語彙に変化が起こるプロセスを事例とともに紹介
する．

4.1.2. 同義性回避

　言語接触でよくみられることは，ある言語に他の言語から語彙が入り，借用されることである．語を受け取る側の言語を受容言語，供給する側の言語を供給言語というが，入ってきた語と同じ意味の語が受容言語にもともと存在していた場合にはどうなるのであろうか．ヒトの言語には，同一言語内にまったく同じ意味を持つ語が複数存在することは極力避ける，という性質があり，これを「同義性回避」という．競合する語同士の緊張関係は何らかの方法で，緩和されなければならないのである．

　同義性回避の方法には主に3つあるとされており，それは以下の通りである．

(29) a.　競合する語の一方が残り，一方が消滅する．

　　 b.　競合する語の間で意味の差異化がはかられ，別の意味を持つ語として並存する．

　　 c.　競合する語が形態論においてそれぞれ異なる機能を持つものとなり並存する．

(29a) と (29b) は従来からいわれていたことで，具体例も容易に見つかる．(29c) については Maiden (2004) などでとられた考え方で，Nagano and Shimada (2014) では漢字が持つ音読みと訓読みの2重性がこれにより説明されている．以下で (29a) から (29c) による同義性回避の具体事例を簡単にみて，4.1.1 節の「コショー・ナンバン問題」に立ち返ることにする．

　(29a) および (29b) については，英語史のテキストに必出の英語史上の語彙変化から例をあげる．英語の歴史は5世紀半ばに始まったとされるが，通常そこから1100年までを古英語期，1100年から1500年までを中英語期，1500年から1900年までを近代英語期，それ以降が現代英語の時代とされる．英語はそれぞれの時期に外国語語彙の流入があり，その影響を受けてきたといわれている．その際に (29a) や (29b) の方法で同義性の回避がはかられ，現在の英語の辞書（レキシコン）ができたのである．[18]

---

[18] 心的文法にある「辞書」はレキシコン（Lexicon）といい，人が意図的に編纂したディ

　まず，(29a) について検討する．競合している一方がもう一方に置きかわるという現象で英語史の中でも有名なのが三人称複数の代名詞，*they*,*their*, *them* の出現だろう．これらはもともと古ノルド語 (Old Norse) という英語とは親戚関係にある北欧言語の代名詞であった．英語には本来 *hīe*,*hira*, *him* という三人称複数の代名詞があったが，古ノルド語由来のものに置きかえられてしまった．英語は古英語期に北欧言語と密接な言語接触があり，両言語の語がしばらく共存した後どちらかが残るということがよくあったとされる．動詞の *take* は古ノルド語由来であるが，古英語のそれに対応する語は *niman* である．これも競合の結果，古ノルド語の語彙が残り，同義性が回避された例と考えられるだろう．中英語期にはフランス語との言語接触が密になり，多くの語彙で同じように置きかえが起きた．例えば，これは親族を表す語や軍事用語によく見られ，古英語の *ēam* はフランス語の *uncle* に，*here* は *army* に置きかえられた．

　(29b) のタイプの同義性回避も英語史上でよくみられる．現代英語で「鹿」を意味する *deer* は古英語期 (*dēor*) にはもっと意味が広く，「動物」，「獣」を意味していた．しかし，中英語期に同じ意味を表す *bēst* (現代英語では *beast*) が入ってきて，意味が「鹿」に限定され，共存したのである．つまり，受容言語の語彙である *dēor* と供給言語の語彙である *bēst* が同義語として中英語のレキシコンで競合状態にあったのであるが，*dēor* がその意味を「鹿」に狭めることでお互いが別の意味を表すようになり，競合状態が回避されたのである．これは，フランス語の流入で英語の語彙に意味変化が起きたことを意味する．ただ，「鹿」を意味する *venison* という語もフランス語から入ってきており，*deer* は今度はそれと競合してしまう．その緊張関係もお互いの意味がかぶらないようにすることで，つまり，同じ鹿でも *venison* は食肉用の鹿を意味し，*deer* は動物としての，家畜用としての鹿を意味することで緩和されている．同じような対応関係が *beef* と *ox*, *mutton* と *sheep* などでもみられることは興味深い．

　最後に (29c) のタイプをみていく．まず，(29c) の「形態論においてそ

───────────────

クショナリー (Dictionary) とは区別する．

れぞれ異なる機能を持つ」とはどういうことかというと，それぞれ語形成の特定の環境で選ばれる，というように理解するとよい．これは，Nagano and Shimada (2014) が論じている日本語における漢字の音訓2重読み現象で考えるとわかりやすい．「山」という漢字は「ヤマ」という訓読みと「サン」という音読みを持つ．訓読みは日本語本来の読み方であるが，音読みは基本的に中国語から入ってきた読み方である．日本語は中国語と1000年を超える言語接触の関係にあり，中国語から大きな影響を受けてきた．漢字の音読みもそのうちの1つである．漢字で書かれた中国語資料が日本に入ってきた際，それを日本語の読み方で読む「漢文訓読」と中国語の発音で読む「漢文音読」がなされ，それによって漢字の訓読みと音読みが定着していったということがいわれている．しかし，この状況は，「ヤマ」という受容言語の日本語語彙と「サン」という供給言語の中国語語彙が同じ意味を表す同義語として競合しているのに他ならない．

　この場合同義性回避がどのようになされたかについて，Nagano and Shimada (2014) は日本語語彙と中国語語彙が日本語の形態論において，別の役割を担う，補充関係にある語幹として働くようになったとする考えを提案している．次の例をみてみよう．

(30)　a.　山道
　　　 b.　ヤマミチ
　　　 c.　サンドウ

(30a) には音訓2通りの読み方がある．1つは (30b) の「ヤマミチ」である．この語は「やま」という名詞と「みち」という名詞が結合してできている複合語 (compound) である．そして，この複合語を構成している語はどちらも日本語由来の語である．一方，(30c) は「サンドウ」という音読みで発音されている．しかし，意味は (30b) と同じであり，「さん」という語と「どう」という語からできている複合語であるといえる．

　音読みと訓読みの大きな違いは，音読みの場合は1語で生起することができない拘束形の性質を持つが，訓読みでは1語で生起できる自由形の性質を持つところである．「さん」，「どう」はそれだけでは生起できないが，

「やま」,「みち」は単独での生起が可能である. そして,（30b）と（30c）において, 訓読みの「ヤマ」と音読みの「サン」をいれかえて,「*サンミチ」,「*ヤマドウ」と読むことはできない. これは, 複合語を作るときに, 基本的に拘束形には拘束形, 自由形には自由形をあてるという規則があることを物語っている. 同じ「山」を表す語でも, それが自由形と結合するのであれば自身も自由形であり, 相手が拘束形であれば, こちらも拘束形の形を選ぶのである.

　この場合, 音読みの「サン」と訓読みの「ヤマ」は独立した内容語として対立している関係にはない. 心的文法の辞書にある山を表す内容語, ここでは仮に「YAMA」[19]と表記しておくが, それの音形の候補としてどちらも日本語形態論に存在していると考えられる. 両者は競合関係にあるのではなく, 選ばれる形態上の環境が重ならないように補充関係にある音形なのである.「ミチ」という自由形と複合する状況であれば, YAMA の音形として「ヤマ」が選ばれ,「ドウ」という拘束形と複合する状況であれば,「サン」が選ばれる, という具合にである. 言語接触の結果生じた日本語由来の語と中国語由来の語が競合する状態は, 両者が同一語彙の音形として補充関係になることでレキシコンに落ちつき, 同義性が回避されたのである. 漢字に音訓の 2 重読みがあるのはその反映である.「山」という漢字は心的文法の辞書にある YAMA を記号化したもので, その音形に 2 種類あり, 1 つが音読み, 1 つが訓読みというわけである.

　以上, 言語接触により語源の違う同義語が競合した場合, 文法には同義性を回避しようとするメカニズムが働き, ある語が消失したり, 語の意味が変わったり, 新たな補充関係を生む語形になったりして, 受容言語のレキシコンの構成を変えることをみた. 英語史上の語の変化や漢字の音訓 2 重読みが生じたことには当然社会状況が影響していたのであるが, その変化を可能にするしくみが言語にあってこそ生じたことなのである. この同義性回避の

---

[19] これを「語彙素 (lexeme)」という. レキシコンにある内容語の実体で, 実際の発話や文には「語形 (word form)」という形をまとって現れる.「ヤマ」も「サン」も語彙素 YAMA の語形である. 注 5 を参照.

観点から 4.1.1 節でみた「コショー」と「ナンバン」にみられた使用法の変化を次節で検討してみたい.

4.1.3. 「コショー」・「ナンバン」の分布問題再訪

富山県の下新川地方で使われている語彙,「コショー」と「ナンバン」の使用法の変化であるが, そのまとめである (27) を再掲する.

(27) a. 1967 年から 1974 年にかけて, 入善町の広い地域ではピーマンと唐辛子に対して「コショー」という語が使われていたが, その周辺地域では「ナンバン」が使われていた. 入善町でも「ナンバン」を使う朝日町と接する地域では一部ピーマンに「コショー」, 唐辛子に「ナンバン」と使いわける地域があった.

b. 1974 年から 1975 年にかけて, 入善町の西部でピーマンに「ナンバン」, 唐辛子に「コショー」を使う地域が多く確認できるようになった. それと同時に 5 年前に東部で見られていたピーマンに「コショー」, 唐辛子に「ナンバン」をあてる用法が消滅し, その地域ではピーマンにも唐辛子にも「ナンバン」を用いようになった.

この地方では 1967 年当時, ピーマンと唐辛子を指す語として「コショー」を用いる地域と「ナンバン」を用いる地域があったということである. そして, 図 2 をみると「コショー」を用いる入善町は地理上「ナンバン」を用いる他の地域に囲まれる位置にあることがわかる. その当時の「コショー」,「ナンバン」の使用状況とその 5 年後の変化は, 前節で紹介した同義性回避の観点からみるととても理解しやすい.「コショー」を使っていた入善町の中でも他の地域との境にあるエリアは「コショー」と「ナンバン」という同義語が混在し, 競合状態にあったことは十分にあり得たわけで, この言語接触の状況が入善町の中での「コショー」,「ナンバン」の使用に影響を与えたと考えるのは自然である.

まず, 1967 年当時について考察する. 図 2 から重要な点が 2 点読みとれる. それは, 東部の朝日町に接する地域についてである. 1 点目は, この地

域では北部を中心に「コショー」ではなく，「ナンバン」を用いていることである．行政区と方言の境は必ずしも一致するものではないので，もともとこのような分布であったとも考えられるが，仮に以前はこの地域でも「コショー」を使っていたのであれば，隣接地域との言語接触の結果，同義語の「コショー」と「ナンバン」が緊張関係に陥ったはずである．そして，同義性回避のしくみが働いて「コショー」が「ナンバン」に置きかえられたことになる．これは，（29a）にある回避の仕方である．

　そして，2点目が大変興味深いのであるが，入善町で朝日町に接する一部の地域で，「コショー」はピーマンだけを意味し，唐辛子には「ナンバン」をあてていたということである．この事実も同義性回避の観点からみると納得がいく．この地域でも「コショー」と「ナンバン」がピーマンと唐辛子を意味する語として競合していたとすると，それを回避しなければならない．その回避の仕方として，この地域では（29a）ではなく，（29b）の手法をとったということになる．つまり，「コショー」と「ナンバン」のどちらも生かし，そのかわり「コショー」にはピーマン，「ナンバン」には唐辛子，というように別の意味を与え，差別化したのである．[20]

　次に，約5年後の1974年から1975年の状況について考える．図3をみると，やはり，重要な点が2点読みとれる．1点目は黒部市に隣接する入善町西部で，「コショー」と「ナンバン」の使い分けが起きたということである．この地域で言語接触が起こり，ピーマンと唐辛子を意味するものとして入善町で使っている「コショー」と黒部市や宇奈月町で使っている「ナンバン」が同義語として競合状態に陥ったと考えれば，この使い分けも同義性回避として簡単に理解できる．入善町では，同義性回避の（29b）の手法をあてはめた結果，「コショー」が唐辛子，「ナンバン」がピーマンを意味するこ

---

[20] ピーマンは新しい野菜ということで，実際はピーマンと唐辛子の両方を「コショー」，「ナンバン」で意味したことはないのかもしれない．そうであったとしても，唐辛子を指す語としてそれらは競合していたはずで，緊張関係にあったことには違いない．その場合は新種の野菜であるピーマンを指す語としての意味と，もともとあった唐辛子を指す語としての意味を「コショー」と「ナンバン」にそれぞれ分け与えることで同義性の回避をしたことになる．どちらにしても，（29b）の手法である．

とになったのである.

　そして，ここでも2点目がさらに興味深い．それは，5年前に，やはり，同義性回避で「コショー」と「ナンバン」の使い分けがなされていた入善町東部でその使い分けがなくなってしまったということである．いったいこの変化はどうして起きたのであろうか．ここで注意しなければならないのは，入善町東部での使い分けでは，「コショー」がピーマンを指し，「ナンバン」が唐辛子を指していたということである．「コショー」が唐辛子,「ナンバン」がピーマンを指す入善町西部での使い分けとは語と意味の対応関係が逆である．

　仮に同じ地域の同じ方言で「コショー」でピーマン，「ナンバン」で唐辛子というように区別するタイプと「コショー」で唐辛子，「ナンバン」でピーマンというように区別するタイプがあったとすると，それも一種の競合状態といえるのではないだろうか．つまり，ある語とある語の同義性を回避するために（29b）の手法を使い，別々の意味を割り振るということをした際，その割り振り方が逆転している方言同士が接触することは大変不都合なことといえる．なぜならば，同義性回避のための意味の割り振り方が対立し，同義性回避として意味をなさないからである．この場合，意味の割り振り方というレベルで緊張関係が成立していると考えられ，これを緩和するにはどちらかの意味の割り振り方が消滅するしかないのである．1974年の方言地図によれば，「コショー」を唐辛子，「ナンバン」をピーマンとする意味の割り振り方が残ったということである．しかし，もう一方を置きかえるにはいたらなかったようで，1967年当時に「コショー」と「ナンバン」を使いわけていたエリアでは使い分けによる同義性回避はやめて，近隣の朝日町と同じように「ナンバン」でピーマンと唐辛子の両方を意味する使い方にしてしまったようである．

　この「コショー」，「ナンバン」の意味変化は，「コショー」，「ナンバン」という形式とピーマン，唐辛子という意味が切っても切れないコインの裏表のようになっているのではなく，その組み合わせが変わりうることを示している．つまり，分離仮説で述べられているような形式と意味の独立性がこのような事例からもわかるのである．ただ，分離仮説が対象とするところは基本

的に機能語が絡む場合であって，「コショー」や「ナンバン」といった内容語そのものの形式と意味の対応関係ではない．したがって，その点は注意を要する．

　このように，方言語彙の変化は言語接触における同義性の回避とみることができる．新たにピーマンという野菜が入ってきたという農業事情の変化をはじめとする社会要因で，言語自体が持っている同義性回避のしくみが駆動したということなのである．

4.2.　方言の混合

　人は母語を含む複数の言語が交わる環境におかれると，時に複数言語の知識を持つにいたる．もちろん，母語とそれ以外の言語に対する知識の質や量は異なる．しかし，このような話者は両言語の語彙や機能要素が混在した「混合体」ともいうべき文や句，語を発話することがある．Muysken (2000) はこのような現象を「言語混交（Code-mixing）」と呼び，もとになった言語の変異体ともいえる混合体にはどのような種類があるのか，混合体はどのようにして生み出されるのか，という問題意識のもと，言語接触研究がヒトの言語能力や一般言語理論の研究につながるという見方を示している．長野 (2019) は，このような観点をとりいれ，他言語からの語の借用には受容言語側のレキシコンの語彙を拡大する側面があるとし，心的文法の中で混合体が作られるしくみについて検討している．[21] そして，Muysken (2000) が提案している「挿入 (insertion)」という言語混交プロセスのアイデアを援用し，主に英語と日本語の混合体について論じている．4.2 節では，Muysken や長野の考え方に沿って，方言にみられる言語混交について検討する．具体的には，標準語と福岡方言からできた混合体の中に挿入分析が可能であるものがあることを示す．4.2.1 節で Muysken や長野の挿入分析を概観した後，4.2.2 節で福岡方言の「ある」について再度とりあげる．

---

　[21] 詳細は長野 (2019) を参照．借用のプロセスを生成言語学の観点から論じた数少ない先行研究の 1 つである．

4.2.1. 挿入分析

　Muysken（2000）は複数言語の混交から混合体を生起させるメカニズムとして，3つの異なる操作を提案し，混合体を大きく3つに分けている．そのうちの1つが「挿入」と呼ばれる操作である．[22] 挿入操作によって，受容言語のある構造の中に，受容言語自身のではなく，供給言語から選ばれたそれに相当する要素が生起することになる．例えば，Muysken（2000: 184）はオランダ語にみられる *ge-zoom-d* という動詞形をあげている．語頭の *ge-* と語末の *-t* はオランダ語の過去分詞を派生する接辞であるが，語幹の *zoom* はオランダ語ではなく，英語である．本来はオランダ語の語幹が生起するところを，供給言語の英語からそれに相当する動詞の語幹 *zoom* が提供され，かわりにそれが「挿入」されているのである．*ge-zoom-d* 全体はオランダ語なのだが，その一部に英語の要素が挿入されている．[23] 受容言語の構造，この場合は語の構造であるが，その中の一部に受容言語ではなく他の言語の要素が組み込まれている図式である．それを書き表してみると次のようになるだろう．

(31) a. [_言語 A_ X Y Z]
　　 b. [_言語 A_ X [_言語 B_ W] Z]

　(31a) は，混交が起きていない，言語 A だけの要素からできている構造である．要素 Y が生起するところに，Y のかわりに他の言語 B の要素 W が挿入されたのが (31b) である．全体はあくまでも言語 A なのだが，その中の一部が言語 B の要素で置きかえられている．

　長野（2019）はこの Muysken（2000）の分析を日英語の言語混交の例に適用している．特に，日本語母語話者が使っている英語前置詞が取りこまれている次のような料理名に着目し，その前置詞の生起を問題にしている．[24]

---

[22] あとの2つは「交代（Alternation）」と「合同的語彙化（Congruent Lexicalization）」である．本章の分析には関係してこないので，ここではこれ以上触れない．

[23] *ge-zoom-d* の類例は，Muysken（2000）や長野（2019）を参照．

[24] 料理名に限らず，この種の例（「リンスインシャンプー」など）を理論的に扱った重要な先行研究として，Namiki（2003）や並木（2005）がある．

(32) a.　チーズ<u>イン</u>ハンバーグ
　　　b.　ビーンズ<u>オン</u>トースト
　　　c.　ビーフ<u>ウィズ</u>ライス

(32a) の「チーズインハンバーグ」はチーズが中に入っているハンバーグ，
(32b) の「ビーンズオントースト」はイギリスの朝食の定番で，トーストの
上にトマト味で煮た豆がかかっているもの，(32c) の「ビーフウィズライス」
は牛肉の角切り入りのチャーハンのようなものである。[25] (32) の料理名は
ある程度確立されているものである．しかし，このような前置詞の使用は，
例えば，インターネットレシピサイトの「クックパッド」などでもよく見ら
れるように，日本語母語話者が自身の創作料理につける名前にも多く見ら
れ，極めて創造的な名づけに使われているのである．このことは，このよう
な前置詞の使用に母語話者の心的文法が関わっていることを強く示唆してい
る．

　(32) のような表現の興味深い点は，前置詞「イン」，「オン」，「ウィズ」
の用法が，英語の前置詞 in, on, with のそれとは異なっているところであ
る．英語の前置詞は後続する名詞を補部にとり，構成素をなす．もし，(32)
の「イン」，「オン」，「ウィズ」が英語のそれと同じように使われているので
あれば，例えば，「イン」は「ハンバーグ」と構成素をなし，前の「チーズ」
を後位修飾して，全体としてチーズの一種を意味するはずである．しかし，
実際の意味を考えてみると，「チーズ入りハンバーグ」なのだから，チーズ
の一種ではない．「チーズイン」でひとまとまりとなって，「ハンバーグ」を
修飾しているとみるべきである．「ビーンズオントースト」も日本語母語話
者の判断だと「ビーンズを {かけた／のせた} トースト」という意味になり，
それは「ビーンズオン」でまとまり，「トースト」を修飾する構造で解釈して
いることを意味する。[26] (32c) も同様に「ビーフ入りライス」という意味に

---

　[25]「イン」，「オン」，「ウィズ」はひらがなやアルファベットで表記されているものもある
が，その差は本章で議論する内容には影響を与えないとされている（Shimada and Nagano
(2014)）．本章では一貫してカタカナ表記にする．
　[26] 英語母語話者にとって「ビーンズオントースト（*Beans on Toast*）」はトーストではな
く，ビーンズが意味の中心となる．

66

なるので,「ビーフウィズ」で構成素をなし,「ライス」を修飾しているといえる.

　そうだとすると,日本語母語話者による前置詞を含んだこのような表現は「和製英語」という,間違った英語使用の例としてそもそも研究対象にならないという考えも成り立つかもしれない.[27] しかし,長野 (2019) は,これらの表現は間違った英語ではなく,全体としては日本語で,その中に一部英語の語彙が挿入されているのだと論じている.本来ならば「チーズ入りハンバーグ」となるところを,日本語動詞に由来する「入り」ではなく,英語から前置詞の「イン」を借りて,かわりに挿入しているのだと主張する.

(33)　チーズ<u>入</u>りハンバーグ
　　　　　　↑　挿入
　　　　イン

英語の in は前置詞であり動詞ではないので,その場合「チーズイン」の「イン」は前置詞としての機能ではなく,音形だけが取りこまれ,「入り」のもう 1 つの形として機能していると考えられる.前置詞の形式が取りこまれてはいるが,あくまでも働きは日本語動詞なのである.「オン」も「ウィズ」も同じで,日本語動詞の「のせる」,「かける」,「入れる」などの 1 形態として使われているのである.

　長野の分析の興味深い点は,語の音形と意味・機能の両方が借用されるのではなく,音形だけが借用される場合にも挿入分析を適用しているところである.[28]「イン」がもともとの英語前置詞とは異なる使い方で取りこまれ,「入り」と「イン」が同じ日本語動詞「入れる」の音形のバリエーションになっている.つまり,供給言語における用法とは異なる用法で受容言語に取りこまれることがあってもいいのである.

---

[27] 和製英語については長野・島田 (2017) を参照.
[28] Matras and Sakel (2007) は音形の借用をマター借用 (Matter Borrowing),意味・機能の借用をパターン借用 (Pattern Borrowing) といって区別している.マター借用という用語は,音形と意味・機能のどちらも借用されている場合にも使うようである.

4.2.2.　福岡方言の「ある」再訪

　3.4 節では「〜てある」の用法について，標準語と福岡方言の違いについて論じたが，4.2.2 節では挿入分析に関連して，再び「ある」を取りあげて両方言間の違いについて検討する．

　まず，3.4 節で述べたように，標準語にも福岡方言にも存在を表す本動詞の「ある」があることを，例を再掲しながら，確認する．

　　（24）　机の上に本がある．

（24）では主語は「本」という物体であるが，「会議」や「運動会」という出来事を表す名詞も主語として生起することができ，標準語でも福岡方言でも変わりなく容認される．

　　（34）a.　会議がある．
　　　　　b.　運動会がある．

しかし，福岡方言では（34）の各文の文末に進行を表す「よう」という形態素をつなげることが可能なのだが，標準語では進行の「〜ている」をつなげると非文になる．

　　（35）a.　会議がありよう．
　　　　　b.　運動会がありよう．
　　（36）a.　*会議があっている．
　　　　　b.　*運動会があっている．

標準語では，「あっている」ではなく，「行われている」や「開かれている」という表現が使われるところであるが，Urushibara（2003）や漆原（2017）によると，福岡方言話者は（35）に加えて，（36）も容認するという．（24）のように主語が物体を表す場合は，福岡方言話者も「あっている」とはいえず，また，「よう」も使えない．

　　（37）a.　*机の上に本があっている．
　　　　　b.　*机の上に本がありよう．

出来事を表す名詞が主語として生起した場合にのみ, (35), (36) で見た違いが標準語と福岡方言の間に認められるのである.

福岡方言で (36) が可能なことについて, 漆原 (2017: 49) が興味深い考察をしている. それによると, 福岡方言話者は福岡方言で文法的な (35) のような文を標準語の「〜ている」を用いて標準語に「翻訳」しているのだという. そして,「あっている」という表現は第2言語習得や外国語学習の研究でいわれるところの「中間言語」である可能性も指摘している.

漆原のこの考え方は, Muysken や長野の挿入分析がこの事例にあてはまることを示唆している. つまり, 福岡方言話者の中では, 進行の「よう」は標準語の「〜ている」に相当する, という前提があり,「よう」のところに「〜ている」を挿入しているのである. しかし, この場合, 東京方言の「〜ている」をそのまま挿入しているのではない. そうであれば, 標準語と同じく容認不可能な文となってしまう.「よう」の別形態として「〜ている」の音形だけを借りてあてはめているだけなのである.「入り」の別形態として英語前置詞の「イン」の音形だけを借りて「チーズインハンバーグ」としているのと同じである.

「よう」と「行く」などの自動詞の組み合わせについても福岡方言と標準語は似たようなコントラストを示す. 例えば, 電車の中で「どちらにいらっしゃるのですか」と誰かに行き先を尋ねた場合, 福岡方言では「京都に行きよります」というように,「よう (この場合は「より」となる)」を使って答えることができる. しかし,「よう」を単純に「ている」に置きかえた「京都に行っています」という文は標準語では全く容認されない. ここで興味深いことは, 先にも述べた筆者による福岡方言の現地調査において, インフォーマントの福岡方言話者が「京都に行っています」という表現を全く問題なく容認するという点である. しかも, これが標準語では容認不可能であると知るやいなや一様に驚くのである. そして, ほとんどの場合, すぐに「それでは標準語では一体何というのですか」という問いが返ってくる. 標準語では, このような場合, 例えば,「京都に行くところです」のようにいわなければならない. つまり,「ている」よりは「ところだ」を用いるほうが標準語ではしっくりとくるのである. この事例からも, 福岡方言では標準語から借

りてきた「ている」という音形を「よう」が生起する場所にあてはめている
と見ることができ，挿入分析が方言間差異の説明に有効に働く可能性がある
ことを示唆している。[29]

5．まとめ

　本章では，方言間に機能要素の具現にバリエーションがみられる現象や方
言同士が互いに影響を及ぼしあい，変化する現象の具体的な事例を観察し，
「方言」が「言語」と同じステイタスを持ち，心的文法の研究に資すること を
みてきた．特に，形態論との関係では，分離仮説，同義性回避などの考え方
の有用性が方言のデータから見てとれることを確認した．

---

[29] 福岡方言で「ある」が「よう」あるいは「ている」と共起することについての Urushi-
bara (2003) の説明は，ここでは紙面の関係で触れない．また，Shimada and Nagano (to
appear) は，(i) をあげて出来事を表す名詞の中にも「地すべり」，「地震」のように「あり
よう」と共起しえないものがあることを指摘し，方言間差異を挿入分析とは異なる見地か
ら説明しようとしているが，それについてもここでは触れない．
　　(i)　a.　地すべりが {あった／*ありよう}.
　　　　b.　地震が {あった／*ありよう}.
　　　　c.　水の蒸発が {あった／*ありよう}.

第3章

形態論と強勢のインターフェイス*

時崎久夫 (札幌大学)

1. 形態論と語強勢

　この章では，形態論と強勢が関係することを，世界の言語における接頭辞優先 (suffix preference)，および派生語と複合語における右側主要部規則 (Righthand Head Rule) という2つのテーマを考えることによって，具体的に考えてみよう．

2. 接尾辞優先

2.1. 接頭辞と接尾辞

　語は，それに接辞 (affix) が付いて，より大きな語を作っていく．ここでは，接辞が付く形式を語基 (base) と呼ぶことにする．

(1) a.　mild (やさしい)
　　 b.　mild-ness (やさしさ)
(2) a.　暖かい
　　 b.　暖か-さ

---

* 本章は，Tokizaki (2013, 2017, 2019) などの考察を基に，形態論と強勢の関係について，統一的な観点から再考したものである．

72

(1) と (2) では，mild と「暖かい」という形容詞に -ness と「-さ」という
接辞が付いて mildness と「暖かさ」という名詞を作っている．また，-ness
と「-さ」は語基の終わりに付くため，接尾辞 (suffix) と呼ばれる．

　これに対し，語基の最初に付く接辞は接頭辞 (prefix) と呼ばれる．

(3) a.　bound（弾む）
　　 b.　re-bound（はね返る）
(4) a.　手紙
　　 b.　お-手紙

ここでは，re- および「お-」が接頭辞である．接辞には，接頭辞と接尾辞の
ほかに接中辞 (infix) や接周辞 (circumfix (e.g. *en-light-en*)) もあるが，比
較的少数である．そこで，本章では接頭辞と接尾辞について考えていくこと
にする．

　接辞は，その機能によって屈折接辞 (inflectional affix) と派生接辞 (deri-
vational affix) に分けることもできる．屈折接辞（形態素）は，主に語の文
法的特性を表示するもので，名詞などの性・数・格（dog-*s* 複数）や動詞の
人称・数・時制など（play-*s* 3 人称単数現在）に見られる．派生接辞は，主
に語基の品詞や意味を変更するもので，child-*ish*（名詞 → 形容詞）や *un-*
happy（否定）などである．ここでは，必要のない限り，屈折接辞と派生接
辞を区別せずに考察していく．

2.2.　接尾辞優先と接頭辞指向言語

　上で見たように，英語も日本語も接頭辞と接尾辞の両方を持つが，その数
は，接尾辞のほうが接頭辞より多い．そして，Greenberg (1963: 92) が指
摘したように，世界の言語でも，接尾辞を主に持つ言語のほうが接頭辞を主
に持つ言語より多い．[1] この傾向は接尾辞優先 (suffix preference) と呼ばれ
る．例えば，Dryer (2013a) は，屈折形態素の接頭辞と接尾辞の割合に基

---

[1] Sapir (1921: 67) にも同様の指摘がある．

づき，世界の言語を次の6つの範疇に分け，それぞれの言語数を示している．[2]

(5) a. strongly suffixing（強い接尾辞指向）　　　　　　　　406

b. weakly suffixing（弱い接尾辞指向）　　　　　　　　123

c. equal prefixing and suffixing（接頭辞・接尾辞半々）　147

d. weakly prefixing（弱い接頭辞指向）　　　　　　　　94

e. strongly prefixing（強い接頭辞指向）　　　　　　　58

f. little affixation（屈折接辞をほぼ持たない）　　　　141

合計　　　　　　　　　　　　　　　　　969

(5a) と (5b) を合わせた接尾辞指向の言語が529（＝406＋123）あるのに対し，(5d) と (5e) を合わせた接頭辞指向の言語は152（＝94＋58）と少ない．この2つの割合は，接尾辞指向77.7% 対接頭辞指向22.3% である．

　(5) に示した接辞の位置の地理的な分布は，インターネットで公開されている「世界言語構造地図」World Atlas of Language Structure (WALS) On-line (https://wals.info) の地図 (no. 26) で見ることができる（記号の形と色は筆者が加工している）．

---

[2] 1つの言語でも，接辞の種類によって，接尾辞と接頭辞の両方を持つことがあるため，Dryer (2013a) は，次の10種の屈折接辞を点数化して，この分類をしている．

(i) 名詞の格接辞 (case affixes on nouns)
(ii) 動詞の代名詞主語接辞 (pronominal subject affixes on verbs)
(iii) 動詞の時制・相接辞 (tense-aspect affixes on verbs)
(iv) 名詞の複数接辞 (plural affixes on nouns)
(v) 名詞の代名詞所有格接辞 (pronominal possessive affixes on nouns)
(vi) 名詞の定・不定接辞 (definite or indefinite affixes on nouns)
(vii) 動詞の代名詞目的語接辞 (pronominal object affixes on verbs)
(viii) 動詞の否定接辞 (negative affixes on verbs)
(ix) 動詞の疑問接辞 (interrogative affixes on verbs)
(x) 動詞の副詞的従属接辞 (adverbial subordinator affixes on verbs)

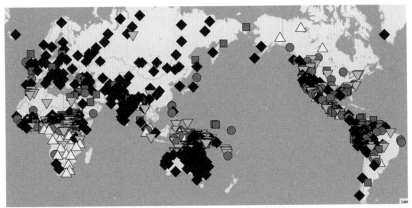

◆	Strongly suffixing	406
■	Weakly suffixing	123
●	Equal prefixing and suffixing	147
▽	Weakly prefixing	94
△	Strong prefixing	58

図1：屈折形態論における接頭辞と接尾辞

これを見ると，それぞれの接辞のタイプを持つ言語が，地理的にまとまって分布しているのがわかる．接頭辞を主に持つ（5e）の言語には，アフリカ南部のバンツー諸語，北米のアサバスカ諸語，西パプア語族などが含まれる．代表例として，バンツー諸語の1つで，ジンバブエで話されているショナ語を見てみよう（データはDéchaine et al. (2014: 20)）．

(6) a.　mù-kómáná　'boy'

　　b.　và-kómáná　'boys'

(7) a.　mù-tí　'tree'

　　b.　mì-tí　'trees'

バンツー諸語は一般に接頭辞で名詞の単数・複数を表す．上の例でも，mù-/và- と mù- mì- が単複を示している．これは，英語や日本語が複数を-s や「たち（達）」「ども（共）」「ら（等）」という接尾辞で表すのと対称を成

している．このような接頭辞を主に持つ言語の存在も，たとえ少数であろう
と無視することはできない．

　このように見てくると，説明するべきことは，(i) なぜ世界の言語で，接
尾辞を主に持つ言語が多いのか，そして (ii) なぜ一定数の言語が接頭辞を
主に持つのか，という 2 点になる．

2.3.　接尾辞優先と句の語順

　ここで，接尾辞指向の強さと，句における主部と補部の語順が相関するこ
とに注意したい．目的語 - 動詞などの主要部後行語順の言語は強い接尾辞
指向性を持つが，動詞 - 目的語などの主要部先行語順の言語は接尾辞指向
性が弱く，接頭辞を持つ可能性が高いという事実である．Greenberg (1963:
93) は，30 のサンプル言語を観察し，普遍性 no. 27 として，次のように定
式化している．

> (8)　もしある言語が接尾辞だけを持つなら，後置詞を持ち，接頭辞だけ
> を持つなら，前置詞を持つ．

Greenberg はサンプルの中で唯一の，接頭辞だけを持つ言語としてタイ語を
挙げているが，タイ語は Dryer (2013a) では，接辞をほぼ持たない（little
affixation）言語に分類されている．そこで，WALS Online (Dryer (2013a,
d)) で，屈折接辞と側置詞（前置詞と後置詞を合わせた呼称）の関係を調べ
てみよう．ここでは，接尾辞あるいは接頭辞が強い（strongly suffixing/
prefixing）言語のみを取り上げて，それが後置詞と前置詞のどちらを持つか
を，言語数と百分率で示す．

(9)	a.	強い接尾辞指向で後置詞	214	77.3%
	b.	強い接尾辞指向で前置詞	63	22.7%
		合計	277	100.0%
(10)	a.	強い接頭辞指向で前置詞	40	81.6%
	b.	強い接頭辞指向で後置詞	9	18.4%
		合計	49	100.0%

76

このように，強い接尾辞指向であれば後置詞を持ち（(9a)，77.3%），強い接頭辞指向であれば前置詞を持つ（(10a)，81.6%）という関係は，どちらも約8割において正しいことが分かる．(9a) は，アルタイ語族，インド語群，シナ・チベット語族，トランス・ニューギニア語族，ウラル語族，ユト・アステカ語族などの214言語である．(10a) は，ニジェール・コンゴ語族，オーストロネシア語族，西パプア語族などの40言語である．Greenberg の普遍性の例外となる (9b) には，アフロ・アジア語族，ゲルマン，ロマンス，スラブなどのインド・ヨーロッパ語族などの63言語がある．同じく例外となる (10b) には，アサバスカ諸語，クワ語群などの言語があるが，9と少数である．この状況を世界言語構造地図 WALS Online を用いて示してみると，次のようになる．

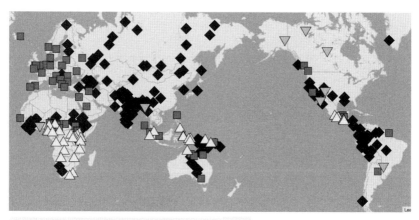

■ Strongly suffixing / Prepositions	63	
◆ Strongly suffixing / Postpositions	214	
△ Strong prefixing / Prepositions	40	
▽ Strong prefixing / Postpositions	9	

図2：屈折形態論の接頭辞・接尾辞と前置詞・後置詞

ここでも (9a, b)，(10a, b) の言語は，それぞれ地理的にまとまって分布しているのがわかる．

　このように見ると，語を形成する形態構造の順序と句を形成する統語構造の順序はある程度平行していることがわかる．これは，形態構造と統語構造を線形化する仕組みが共通していることを示していると考えられる．では，それは言語のどういう仕組みによるものなのであろうか．この問題を 4 節で考えることにする．

3.　右側主要部規則とパラメター

3.1.　右側主要部規則
3.1.1.　派生語における右側主要部規則

　形態論でよく取り上げられる規則として，右側主要部規則（Righthand Head Rule（RHR））というものがある（Williams（1981））．これは，派生語や複合語において，その主要部が右側（語末）に置かれると述べたものである．まず派生語から見ていこう．例として，形容詞から名詞を作る接辞は，日本語でも英語でも，語末に付加される．(1)，(2) の例を再掲して，その構造を示す．

(11) a.　[A mild]（やさしい）
　　 b.　[N [A mild] [N -ness]]（やさしさ）
(12) a.　[A 暖かい]
　　 b.　[N [A 暖か] [N -さ]]

これらの例では，「さ」や -ness という接辞が形容詞の語基（stem）の右側に付加されて派生名詞が作られている．(11b)，(12b) で派生語全体の品詞を名詞に決めているのは，語基の形容詞ではなく，名詞を作る接尾辞である．よって，これらの例では，右側（語末）にある接尾辞が主要部であると考えられる．

　これに対して，語基の左（語頭）に付加される接頭辞はどうであろうか．英語と日本語の例，(3) と (4) を再掲して，その構造を示す（Hon＝Honorific 敬語）．

(13) a.　[_V bound]（弾む）

　　 b.　[_V [_{Adv} re-] [_V bound]]（はね返る）

(14) a.　[_N 手紙]

　　 b.　[_N [_{Hon} お-] [_N 手紙]]

(13b) の re- は語基の動詞 bound を修飾する副詞の働きをしており，(14b) の「お」は語基の名詞について尊敬を表す働きである．どちらも派生語全体の範疇を決めているのは後方（右側）の語基であり，こちらが主要部であると考えられる．

　まとめると，接尾辞が語基に付加する場合は右側の接尾辞が主要部となり，接頭辞が語基に付加する場合は右側の語基が主要部となる．つまり，どちらの場合も右側の要素が主要部になると考えられる．これが派生語における右側主要部規則である．

　しかしながら，2.2 節で見たように，バンツー諸語，アサバスカ諸語，西パプア語族などでは，接頭辞が優勢である．ショナ語の例 (6)，(7) でも単数・複数を示すのは接頭辞であるため，右側主要部規則が適用する日英語で単複を示すのが接尾辞 (-s，-たち) であるのと対称を成すことから，ショナ語などのバンツー諸語では接頭辞が主要部になっていると考えられる（アゲム語とスワヒリ語については van Beurden (1988) を参照）．よって，これらの言語は派生語における右側主要部規則の例外となる．

3.1.2.　複合語における右側主要部規則

　次に，複数の語からなる複合語の語順を考えてみよう．複合語においては，多くの場合，1 つの語が主要部となり，他方がその修飾部（補部）になる．[3] 日本語と英語の例を見よう．

---

　[3] どちらか一方が主要部とは言えない複合語としては，dvandva compound（並列複合語）と呼ばれるものがある．

　(i) a.　紅白

　　 b.　singer-songwriter

（15）　a.　日傘
　　　　b.　raincoat

これらの例では「傘」と coat が主要部であり，「日」と rain が修飾部（補部）
であると考えられる．

　このような意味的な基準に加え，複合語全体の範疇（品詞）を決めている
のはどの要素かという統語的な基準でも，右側主要部が日英語で成り立つ.
次の例では，右側の構成語が全体の品詞を決める働きをする.

（16）　a.　[N [A white] [N board]]
　　　　b.　[A [N tax] [A free]]
（17）　a.　[N [V 教] [N 室]]
　　　　b.　[A [N 情け] [A 深い]]

（16a）では，board が名詞で whiteboard 全体も名詞，（16b）では free が形
容詞で tax free 全体も形容詞，同様に，（17a）では「室」が名詞で「教室」
全体も名詞，（17b）では「深い」が形容詞で「情け深い」全体も形容詞であ
る．それぞれにおいて，左側の語の範疇（品詞）は複合語全体の範疇と異
なっている．

　このように日本語も英語も複合語の主要部を右側（後方）に持つが，世界
の言語ではどうであろうか．残念ながら，筆者の知る限り，複合語に関する
データベースで現在公開されているものはなく，WALS にも複合語につい
ての記載はない．Scalise and Fábregas（2010: 117）は，ボローニャ大学の
Morbo/Comp データベース（22 言語）を基に，複合語の主要部の位置につ
いて割合を示し，デフォルトは主要部後行であるが，主要部先行も一定の割
合が存在すると述べている.[4] Scalise and Fábregas（2010: 116）は，次の
ように，ゲルマン諸語（ドイツ語・ノルウェー語）とロマンス諸語（フラン
ス語・スペイン語）の複合語を対照的に示している．ここでは主要部を下線

---

[4] Morbo/Comp データベースは現在公開されておらず，Scalise and Fábregas（2010: 117）が示している，複合語の主要部の位置についての百分率が何を基準にしたものかが明確でないため，ここではその数値を取り上げない．

80

で示す（一部筆者が修正）.

(18) ドイツ語
    a. Herzkrank 'heart sick'
    b. Butterbrot 'butter bread, bread with butter'

(19) ノルウェー語
    a. Kjærlighetsdikt 'love poem'
    b. Kongetiger 'king tiger'

(20) フランス語
    a. bateau mouche 'fly boat, excursion streamer'
    b. canne épée 'sword stick'

(21) スペイン語
    a. empresa fantasma 'ghost company'
    b. diente de leche 'tooth of milk, baby tooth （乳歯）'

(18), (19) のようにゲルマン系の複合語では主要部後行である. これに対し, (20), (21) のようにロマンス系の複合語では主要部先行であり, (21b) のように, 修飾部（補部）が de 'of' + 名詞という前置詞句の形になることも多い. (21b) は構造的には名詞句であるが, 意味が語の単純な合成から比喩的に変化して, ある種の歯を指示するという点で, 意味的な複合語になっていると言える. しかし, 名詞＋名詞に代表される典型的な（構造的）複合語はロマンス諸語には少ない. この点については, 3.2.3 節の複合語パラメーターのところで再考する.

(20), (21) のほかには, 次のような言語が右側主要部規則の例外となる.[5]

(22) a. イタリア語 (Scalise (1992))
    [N [N campo] [A santo]]
    field   holy   'cemetery'

---

[5] スワヒリ語の (22g) は, 前置詞 kwa を含んでいるという点で, 純粋な複合語とは言えず, 句の性質を示している. そして, この点がまさに右側主要部規則の性格を表している. 以下の議論を参照.

　　b.　タガログ語 (Lieber (1992))

　　　　[N [N matang] [N lawin]]
　　　　　　eyes　　　　hawk　　　　　　'keen eyes'

　　c.　ベトナム語 (Lieber (1980))

　　　　[N [N nguòi] [V ờ]]
　　　　　　person　 be located　　　　'servant'

　　d.　マオリ語 (Bauer (1993))

　　　　[N [N roro] [N hiko]]
　　　　　　brain　　electricity　　　　'computer'

　　e.　サモア語 (Hoeksema (1984))

　　　　[N [N fale]　[N oloa]]
　　　　　　building goods　　　　　　'shop, store'

　　f.　アゲム語 (バンツー諸語) (van Beurden (1988))

　　　　[N [N ndugho] [N finwin]]
　　　　　　house　　 bird　　　　　　'bird's nest'

　　g.　スワヒリ語 (バンツー諸語) (Vitale (1981: 10))

　　　　[N [N ku-] [V tafutwa]] kwa Juma
　　　　　　-ing- search　 for　Juma　　'the searching for Juma'

これらの例では，右側の要素ではなく，最初の名詞が複合名詞の主要部になっている．よって複合語においても右側主要部規則は普遍的なものとは言えない．

3.2.　形態パラメーター，修飾部パラメーター，複合語パラメーター

3.2.1.　形態パラメーター

　このように，接尾辞優先傾向と右側主要部規則には，例外となる言語が一定数存在するという事実が示されると，これを接尾辞か接頭辞か，右側主要部か左側主要部かというパラメーターの値の違いとしてとらえようとする試みが出てくる．van Beurden (1988) は，バンツー諸語のスワヒリ語とアゲム語 (Aghem) を例にして，左側主要部規則 (Lefthand Head Rule) を提唱し

ている．つまり，言語は右側主要部規則と左側主要部規則のどちらかを選ぶ
という点が，1つの形態的パラメーターになっている，という考えである．バ
ンツー諸語は左側主要部規則を，ゲルマン諸語などの多くの言語は右側主要
部規則を選ぶということになる．しかし，なぜ一部の言語が左側主要部を選
ぶのかということは説明されない．これについては，4 節で強勢との相関か
ら説明する．

3.2.2. 主要部-修飾部パラメーター

　2.3 節で見た，接辞の位置と句の語順の相関に関しても，ここでパラメー
ターの観点から考えておこう．Lieber (1992) は，動詞句などの句に対して
の主要部-補部パラメーターと，語に対しての右側／左側主要部規則（パラメ
ター）に加えて，名詞句に対する主要部-修飾部パラメーターを提案している．
言語は次の (23) に示すように，これら 3 つの語順パラメーターに対して，そ
れぞれ値を選ぶという．ここでは主要部－修飾部（head-modifier: HM）と
左側／右側主要部規則（LHL／RHR）の例を示し，句の主要部-補部（head-
complement: HC）の例は省略する．LHR／RHR に関しては，フランス語の
ように複合語と語で異なる言語があるため，分けて示す．

(23)　主要部-補部，主要部-修飾部，左側／右側主要部（複合語・語）

	タガログ語：HC	HM		LHR（複合語）	LHR（語）
		libro-ng nasa mesa		*matang lawin*	*manga-awit*
		book LK on table		eye　　hawk	person-song
		'book on the table'		'hawkeye'	'singer'
	フランス語：HC	HM	LHR（複合語）		RHR（語）
		mot vrai	*timbre poste*		*voy-eur*
		word true	stamp postage		watch-er
		'true word'	'postage stamp'		'watcher'
	英語：HC	MH	RHR（複合語）		RHR（語）
		true <u>word</u>	postage <u>stamp</u>		watch-er

オランダ語：HC/CH	MH	RHR（複合語）	RHR（語）
	cultureel akkoord	*diepzee*	*weef-sel*
	cultural accord	deep-sea	tissue
日本語：CH	MH	RHR（複合語）	RHR（語）
	黒い髪	白髪	新し-さ

Lieber の主要部−修飾部パラメーターは主要部−補部パラメーターおよび左側／右側主要部規則と合わせることで多くの言語の語順を記述できるが，問題もある．第1に，複合語と語の両方で主要部先行（LHR）のタガログ語と，複合語では主要部先行（LHR）だが語では主要部後行（RHR）のフランス語をどう区別するのか．どちらも主要部−補部と主要部−修飾部では主要部先行（HC，HM）という値になっている．

　第2に，子供は言語習得の際に，形態論と統語論の各々の範疇（派生語・複合語・名詞句および句一般）に対して主要部方向性パラメーターの値を1つ1つ習得しなければならないのか，という問題がある．もし，そうだとすれば，それは大変な作業であり，子供が短期間に言語を習得するという事実と合わない．

　4節では，様々な範疇にパラメーターとその値を設定するのではなく，その言語の語強勢の位置から主要部の方向性を導き出せること，そして範疇の小さなものから（語）大きなもの（句）になるに従って左側主要部の語順が優勢になっていくことを説明する．

3.2.3.　複合語パラメーター

　語順の違いに加えて，世界の言語には，新しい複合語が盛んに作られる言語とあまり作られない言語がある．Snyder（2001: 328）は，この生産性の違いを複合語パラメーター（the Compounding Parameter (TCP)）として，次のように定式化している．

(24)　The grammar {disallows*, allows} formation of endocentric compounds during the syntactic derivation. [*unmarked value]

84

すなわち，ある言語の文法が統語派生において内心複合語形成を｛許さない
／許す｝，という選択で，許さないのが無標であるとしている（内心という
のは主要部が全体と同じ機能を果たすこと）．よって，複合語形成が非生産
的なロマンス系の言語は無標，生産的な日本語や英語は有標ということにな
る．Snyder はこのパラメーターによって，言語間の複合語の生産性の違いを
特徴付け，さらには結果構文のような複合的述語構文を許すかどうかという
違いを同時に説明しようとしている．Snyder (2001: 329) は，通言語的に，
名詞＋名詞の複合語が生産的（＋）か非生産的（－）かをネーティブ・チェッ
クにより，次のように示している．[6]

(25) a. 生産的（＋）：アメリカ手話，オーストロアジア諸語（クメール
語），フィン・ウゴル語派（ハンガリー語），ゲルマン諸語（英
語，ドイツ語），日本語，コリア語，シナ・チベット語族（中国
語），タイ語，バスク語

b. 非生産的（－）：アフロ・アジア語族（エジプトアラビア語，ヘ
ブライ語），オーストロネシア語族（ジャワ語），バンツー諸語
（リンガラ語），ロマンス諸語（フランス語，スペイン語），スラ
ブ諸語（ロシア語，セルビア・クロアチア語）

---

[6] また，Mukai (2008: 194) は，複合語の生産性と繰り返し複合 (recursive compound-ing) の可能性を次のように観察している．
(i) a. 生産的で繰り返し可能：日本語，英語，スカンジナビア諸語，オランダ語，ド
イツ語，ギリシャ語，フィンランド語，ハンガリー語，中国語，アカン語（ク
ワ語群，ニジェール・コンゴ語族）
b. 生産的で繰り返し可能？：バルト語派（ラトビア語，リトアニア語），コリア
語
c. 生産的だが繰り返し不可能：ロマンス諸語，ヘブライ語（書き言葉で生産的）
d. 非生産的で繰り返し不可能：ラテン語，スラブ語（あまり生産的でない）
e. 非生産的：マルタ語（アフロ・アジア語族）
f. 繰り返し不可能：アラビア語
これは，Snyder (2001) のものと基本的には一致している．ただ，(ic) のロマンス諸語と
ヘブライ語を生産的としている点が Snyder (2001) と異なるが，繰り返しは不可能として
いるので，(ic) の言語も，やはり複合語形成が弱いと考えられる．

　しかし，この複合語パラメーターの値も，語順のパラメーターと同様に，単に
言語や語族ごとに決まっているのであろうか．そうだとすると，子どもは言
語習得の際に，その値を環境から決定することになる．しかし，前節でも述
べたように，習得すべきパラメーターが多いとすると，言語習得が短期間でな
されるという事実に合わない．複数のパラメーターをまとめてパラメーターの数
を制限することが，文法の正しい記述になると思われる．4 節では，語の強
勢の位置の違いが，語順と複合語の生産性を決定しているという考えを述べ
る．

3.3.　接尾辞優先傾向と右側主要部規則をどう説明するか

　パラメーターを設定する考えをとったとしても，なぜ接尾辞が優先されるの
か，またなぜ多くの言語で複合語を含めて右側主要部となるのかを説明する
必要がある．

　Givón（1979）は，言語変化の観点から接尾辞優先を説明しようとした．
Givón は，語源的には接尾辞が独立した語から派生した（動詞接辞は助動詞
から派生した）ことを指摘し，世界の言語が歴史的には SOV であったと論
じ，SOVAux のように助動詞が動詞に後続する語順から，世界の言語で接
尾辞が多くなっていると考えた．

　これに対し，Hawkins and Cutler（1988）は，「世界の言語が歴史的には
SOV であった」という Givón の論拠を，データを示して批判した．そして，
世界の言語における接尾辞優先を，言語処理の観点から説明しようとする．
彼らによれば，語の中では最も目立つ（salient）のは語頭であり，次は語末，
そして語中が最も目立たないと論じる．そして語基は主に意味情報を，接辞
は主に統語情報を伝え，意味の処理が統語の処理に先行するため，語基＋接
尾辞のほうが接頭辞＋語基よりも言語処理に適すると考える．そのために接
尾辞が優先されるという論である．

　しかしながら，この説明は，語より大きな範疇の語順を考えた場合に問題
が出てくる．例えば，（23）でも見たが，フランス語は（26b）のように語で
は接尾辞指向であるが，（26a）のように複合語では主要部先行（LHR）であ
る．

(26) a. *timbre poste*
   stamp postage
   'postage stamp'

  b. *voy-eur*
   watch-er

なぜ複合語では，より多くの意味情報を伝える修飾部（補部）poste が主要部 timbre に先行しないのであろうか．

この問題は，より大きい範疇の主要部先行語順（以下，語数に下線）で顕著になる．Dryer (2013c, d) によれば，側置詞（adposition）では，前置詞の言語が <u>511</u>，後置詞の言語が 577，動詞句では動詞–目的語の語順の言語が <u>712</u>，目的語–動詞の語順の言語が 705 である．また，Dryer (2013e) によれば，英語の if や when にあたる副詞的従属接続詞（adverbial subordinator）とその補部節の語順では，接続詞が先行する言語が <u>398</u>，接続詞が後行する言語が 96（接尾辞となる言語が 64）で，主要部先行語順のほうが圧倒的に多い．すなわち，統語情報を表す主要部が，意味情報を表す補部に先行する語順の割合が，範疇が大きくなるにつれて増加するのである．この事実は Hawkins and Cutler (1988) の言語処理の説明では，とらえることができない．

また，右側主要部規則が適用する言語が多い理由については，これまで，研究がなされてこなかった．また，接尾辞優先と右側主要部規則を関連付ける試みも見当たらない．これを次節で考えよう．

4.　派生語・複合語の語順と語強勢・句強勢

4.1.　語強勢の位置

この節では，強勢の観点から，接尾辞優先と右側主要部規則の理由と例外について説明する．まず，世界の言語における語の強勢位置から考えていこう．

語のどの位置に強勢を置くかというのは，言語によって異なる．例えば，

ドイツ語などのゲルマン諸語は，典型的には語頭近く（語幹の第 1 音節）の
音節に強勢を置くが，イタリア語などのロマンス諸語は語末近くの音節に強
勢を置く．ここでは強勢のある音節を下線で示す．

(27)　ドイツ語
　　　a.　Garten　　'garden'
　　　b.　schreiben 'write'
(28)　イタリア語
　　　a.　montagna 'mountain'
　　　b.　città　　　'city'

世界の言語における語強勢の位置を扱ったものとして，WALS に収録され
ている Goedemans and van der Hulst (2013a, b) のデータを見てみよう．
彼らは，まず強勢のシステムとして，固定強勢と重さ依存強勢の 2 つの類
に分ける．固定強勢とは，語頭第 1 音節や語末第 2 音節など，語の決まっ
た位置の音節に強勢を置くシステムである．これに対し，重さ依存強勢は，
語頭あるいは語末から見ていき，子音（C）1 つと母音（V）1 つのみからな
る軽い音節を飛ばし，CVC や CVV などの重い音節に強勢を置くシステム
である（例 veránda）．よって，強勢位置にある程度の幅（stress window）
がある．次のそれぞれの強勢位置で，右端の数字は言語数である．

(29)　固定強勢 (fixed-stress)
　　　a.　語頭音節（initial）　　　　　　　　　　　　　92
　　　b.　語頭第 2 音節（second）　　　　　　　　　　16
　　　c.　語頭第 3 音節（third）　　　　　　　　　　　 1
　　　d.　語末第 3 音節（antepenultimate）　　　　　　12
　　　e.　語末第 2 音節（penultimate）　　　　　　　110
　　　f.　語末音節（ultimate）　　　　　　　　　　　51
(30)　重さ依存強勢 (weight-sensitive stress)
　　　a.　左端（left-edge）（語頭か語頭第 2 音節）　　37
　　　b.　左指向（left-oriented）（語頭か語頭第 2 か第 3 音節）　　2

88

    c.　右端（right-edge）（語末か語末第 2 音節）　　　　　　65

    d.　右指向（right-oriented）（語末か語末第 2 か第 3 音節）　27

    e.　無制限（unbounded）　　　　　　　　　　　　　　54

    f.　複合（combined）（右端と無制限）　　　　　　　　8

    g.　予測不可（unpredictable）　　　　　　　　　　　26

これらを，固定強勢と重さ依存強勢の違いを外して，位置の点から，左側強勢（29a, b, c）(30a, b) と右側強勢（29d, e, f）(30c, d) にまとめてみよう．

(31)　左側強勢

    a.　語頭音節（initial）　　　　　　　　　　　　　　92

    b.　語頭第 2 音節（second）　　　　　　　　　　　16

    c.　語頭第 3 音節（third）　　　　　　　　　　　　1

    d.　左端（left-edge）（語頭か語頭第 2 音節）　　　37

    e.　左指向（left-oriented）（語頭か語頭第 2 か第 3 音節）　2

    計　　　　　　　　　　　　　　　　　　　　　148

(32)　右側強勢

    a.　語末第 3 音節（antepenultimate）　　　　　　12

    b.　語末第 2 音節（penultimate）　　　　　　　　110

    c.　語末音節（ultimate）　　　　　　　　　　　　51

    d.　右端（right-edge）（語末か語末第 2 音節）　　　65

    e.　右指向（right-oriented）（語末か語末第 2 か第 3 音節）　27

    計　　　　　　　　　　　　　　　　　　　　　265

このように，言語は，それぞれ独自の語強勢システムを持ち，語強勢の位置が異なっている．語強勢位置は，音韻的なパラメーターであると考えられる．

4.2.　派生語・複合語・句の強勢位置

　次に単純語よりも大きな単位の構造における主強勢の位置を考えてみよう．一般化すると，構造の一番深いところに主強勢が置かれる，と言うことができる（Cinque (1993)）．句，複合語，派生語の順に示す．

(33) a.　[love [music [by [Bách]]]] （バッハの音楽が好き）

　　 b.　[[[wáste] disposal] plan] （ゴミ処理計画）

　　 c.　[[[lóve] -li] -ness] （愛らしさ）

これらすべてにおいて，基本の要素（補部）にもう１つの要素（主要部）が順に結合（Merge）して，より大きな構成素を作っている．そして主強勢は最初の基本要素，言い換えれば一番深く埋め込まれた要素（補部）に置かれている．このように，構造を成す構成素における主強勢の位置は，一般的にその構造から予測できると考えられる．

　ここでは，2つの要素からなる語や句においても，主要部よりも，その補部のほうが深く埋め込まれていると考える．(33) では，by Bach, waste disposal, love-li という最初の結合において，Bach, waste, love がより深い要素だと仮定する．これは「最初の併合」（first merge）と呼ばれる問題であり，いくつかの理論的な説明があるが，ここでは立ち入らないことにする（Tokizaki (2018) を参照）．

4.3.　強勢と語順の相関

　さて，ここで注目したいのは，(31) の左側強勢の言語は主要部後行の語順を持ち，(32) の右側強勢の言語は，主要部先行の語順を持つという，強勢と語順の相関である．WALS のデータを見てみよう．

　まず属格（Genitive）の修飾部（G）と被修飾名詞（N）の語順であるが，Dryer (2013b) によれば，次のような言語数である．

(34) a.　名詞–属格（Noun-Genitive: NG）　　　　　　　　　468

　　 b.　優勢語順なし（No dominant order: GN/NG）　　　 96

　　 c.　属格–名詞（Genitive-Noun: GN）　　　　　　　　 685

このデータと Goedemans and van der Hulst (2013a, b) の語強勢位置のデータを組み合わせてみよう．まず，固定強勢に関しては，次の図が得られる．ここで数字は言語数を示す．

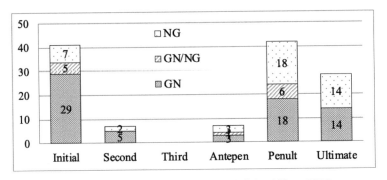

図 3：固定強勢と名詞（N）-属格修飾部（G）の語順

語頭（Initial）に強勢を持つ言語（7＋5＋29＝41）では，属格-名詞（GN）
の語順を持つ言語が 29 言語（70.7%）と多く，名詞-属格（NG）の語順を持
つ言語は 7 言語（17.1%）と少ない．語頭第 2 音節に強勢を持つ 7 言語では
属格-名詞（GN）の語順を持つのは 5 言語（71.4%）で，名詞-属格（NG）
の語順を持つ言語は 2 言語（28.6%）である．これに対し，語末近くに強勢
を持つ言語は属格-名詞（GN）と名詞-属格（NG）の語順が同数（50%）で
ある（語末第 3 音節は 3 言語ずつ，語末第 2 音節は 18 言語ずつ，語末音節
は 14 言語ずつ）．よって，語頭近くに固定強勢を持つ言語は，属格-名詞
（GN）の語順をとりやすいと言えよう．

　これは重さ依存強勢についても同様である．図 4 を見よう．

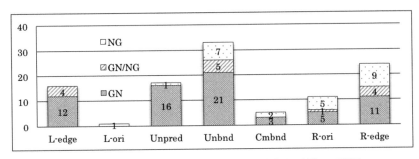

図 4：重さ依存強勢と名詞（N）-属格修飾部（G）の語順

左端強勢（Left-edge）の 16 言語のうち，属格-名詞（GN）の言語が 12 言語

（75%），名詞−属格（NG）の言語は 0（0%）である．ただ，左指向強勢
（Left-oriented）の言語は 1 つだけで名詞−属格（NG）の語順である．これに
対し，右指向強勢（Right-oriented）の言語は，11 言語中 5 言語（45.5%）
が属格−名詞（GN）であり，同数の 5 言語（45.5%）が名詞−属格（NG）で
ある．また，右端強勢（Right-edge）の 24 言語では，11 言語（45.8%）が
属格−名詞（GN），9 言語が名詞−属格（NG）の語順である．よって，重さ依
存強勢についても，語頭近くに強勢を持つ言語は，語末近くに強勢を持つ言
語より，属格−名詞（GN）の語順をとりやすいと言える．

　次に強勢位置と動詞（V）−目的語（O）の語順の関係を見てみよう．この
語順については，Dryer（2013c）を基にする．

(35) a.　動詞−目的語（Verb-Object: VO）　　　　　　　　　　　　705
　　 b.　優勢語順なし（No dominant order: OV/VO）　　　　　　101
　　 c.　目的語−動詞（Object-Verb: OV）　　　　　　　　　　　　712

まず，固定強勢の場合で，それぞれの強勢位置を持つ言語が（35）のどの語
順をとるかを図 5 に示す．

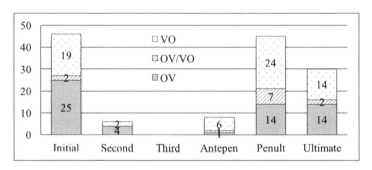

図 5：固定強勢と動詞（V）−目的語（O）の語順

図 5 を図 3 の固定強勢と名詞（N）−属格修飾部（G）の語順と比較すると，
全体に主要部先行（VO）の語順が増えていることが分かる．しかし，語頭
強勢や語頭第 2 音節強勢の言語では主要部後行語順（OV）が多く，語末近
くに強勢を持つ言語（語末第 3 音節，語末第 2 音節，語末音節）では，主要

92

部先行語順（VO）が比較的多いことが分かる．これは，次の図に示すように，重さ依存強勢と動詞（V）-目的語（O）の語順でも同様である．

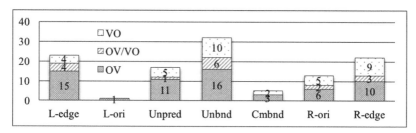

図6：重さ依存強勢と動詞（V）-目的語（O）の語順

ここでは，OV の比率が高いのは左端強勢（Left-edge）と左指向強勢（Left-oriented）の言語であり，右指向強勢（Right-oriented）と右端強勢（Right-edge）の言語では，VO と OV がほぼ同数である．

　さらに，固定強勢と重さ依存強勢をまとめて，語の左側に強勢を持つか右側に強勢を持つかという点で，属格-名詞と動詞-目的語の語順のデータをまとめてみると次のようになる．

	Initial	Second	L-edge	L-ori	Left Total
NG	7	2	0	1	10
GN/NG	5	0	4	0	9
GN	29	5	12	0	46
Total	41	7	16	1	65

図7：左側強勢と属格-名詞の語順

	Antepen	Penult	Ultimate	R-ori	R-edge	Right Total
NG	3	18	14	5	9	49
GN/NG	1	6	0	1	4	12
GN	3	18	14	5	11	51
Total	7	42	28	11	24	112

図8：右側強勢と属格-名詞の語順

	Initial	Second	L-edge	L-ori	Left Total
VO	19	2	4	0	25
OV／VO	2	0	4	0	6
OV	25	4	15	1	45
Total	46	6	23	1	76

図 9：左側強勢と動詞‒目的語の語順

	Antepen	Penult	Ultimate	R-ori	R-edge	Right Total
VO	6	24	14	5	9	58
OV／VO	1	7	2	2	3	15
OV	1	14	14	6	10	45
Total	8	45	30	13	22	118

図 10：右側強勢と動詞‒目的語の語順

このようにまとめると，語強勢が左側か右側ということと，語順が相関していることが統計的に有意であると言える（名詞‒属格 $p < 0.01$，動詞‒目的語 $p < 0.05$）．語強勢が左側であれば主要部後行語順（GN，OV），右側であれば主要部先行語順（NG，VO）をとりやすいのである．

　同様に，語強勢が左側か右側かという位置の違いは，名詞‒属格や動詞‒目的語以外の主要部と補部の語順とも相関する．側置詞とその目的語名詞との語順も，左側強勢の言語が後置詞をとりやすく，右側強勢の言語が前置詞をとりやすい（$p < 0.01$）．Goedemans and van der Hulst (2013a, b) と Dryer (2013d) のデータを分析した結果を図 11, 12 に示す．ここでは，言語数ではなく WALS での genus（語属）の数を示す．例えば，フランス語・スペイン語・ポルトガル語・イタリア語は，すべてロマンス語属に含まれるため，まとめて 1 つと数える．

94

	Initial	Second	Third	L-edge	L-ori	Left Total
Preposition	13	1	0	1	0	15
Prepos / Postpos	4	1	0	2	0	7
Postposition	23	3	0	9	1	36
Total	40	5	0	12	1	58

図 11：左側強勢と前置詞・後置詞（語属数）

	Antepen	Penult	Ultimate	R-ori	R-edge	Right Total
Preposition	5	20	15	5	10	55
Prepos / Postpos	0	1	0	0	1	2
Postposition	2	11	12	6	11	42
Total	7	32	27	11	22	99

図 12：右側強勢と前置詞・後置詞（語属数）

また語基と屈折接辞についても（Dryer (2013a)），語強勢の左右との相関が有意である（$p < 0.05$）．左側強勢の言語が接尾辞をとりやすく，右側強勢の言語が接頭辞をとりやすい．

	Initial	Second	Third	L-edge	L-ori	Left Total
Strong prefixing	3	0	0	0	0	3
Weakly prefixing	3	0	0	0	1	4
Equal pref & suff	7	0	0	0	0	7
Weakly suffixing	7	0	0	0	0	7
Strongly suffixing	17	5	0	14	0	36
Total	37	5	0	14	1	57

図 13：左側強勢と接尾辞・接頭辞（語属数）

	Antepen	Penult	Ultimate	R-ori	R-edge	Right Total
Strong prefixing	1	3	2	0	0	6
Weakly prefixing	2	9	2	1	3	17
Equal pref & suff	2	9	2	0	5	18
Weakly suffixing	1	8	4	5	2	20
Strongly suffixing	1	13	9	3	8	34
Total	6	35	10	8	13	72

図 14：右側強勢と接尾辞・接頭辞（語属数）

　属格–名詞の図 7 と図 8 および動詞–目的語の図 9 と図 10 では，右側強勢の言語は主要部先行の NG, VO とともに主要部後行の GN, OV の語順もかなりとるように見えるかもしれない（GN 51：NG 49, OV 45：VO 58）．しかし，重要な点は，左側強勢の言語が NG, VO という主要部先行語順を好まないということである（GN 46：NG 10, OV 45：VO 25）．

　また，右側強勢の言語が主要部先行語順をとる度合いは構成素が名詞句（NG）から動詞句（VO）へと大きくなると増える（GN 51 (51%)：NG 49 (49%)，OV 45 (43.7%)：VO 58 (56.3%)）．これは，強勢の点から次のように説明できる．一般に強勢は主要部でなく補部に置かれる．語や複合語，名詞句といった，より小さな構成素は，右端強勢や右指向強勢などの右側強勢の言語では，その右側の強勢の範囲（stress window）のために，その範囲内であれば，補部–主要部語順を許す（e.g. *gírl's school*）が，より大きな構成素になると，主要部後行語順では許される右側強勢の範囲（例えば末尾第 3 音節まで）を超えてしまうため，主要部先行語順となる（*eat chérry pie/*chérry pie eat*）．ゆえに，次に示すように，構成素が大きくなるにつれて主要部先行語順の割合（下線部）が増えていくものと考えられる（Tokizaki (2011), Tokizaki and Kuwana (2013), Tokizaki and Fukuda (2013) を参照）．言語数と比率を示す（Dryer (2013a, b, c, d, e)）．[7]

---

[7] 接尾辞指向は，強い接尾辞指向と弱い接尾辞指向の合計（406 + 123 = 529），接頭辞指向は，強い接頭辞指向と弱い接頭辞指向の合計（58 + 94 = 152）である．また，節末の従属接続詞を持つ言語 160 は，従属接続語（subordinating word）を持つ言語 96 に従属接尾辞（subordinating suffix）の言語 64 を加えた数である．

96

(36) a.　接尾辞指向（529（77.7%））；接頭辞指向（152（22.3%））

　　　b.　属格–名詞 685（59.4%）；名詞–属格 468（40.6%）

　　　c.　後置詞 577（53.0%）；前置詞 511（47.0%）

　　　d.　目的語–動詞 712（50.2%）；動詞–目的語 705（49.8%）

　　　e.　節末の従属接続詞 160（28.7%）；節頭の従属接続詞 398（71.3%）

このように，可能な強勢位置の範囲という点から，範疇の大きさで主要部後
行語順と主要部先行語順の比率が異なることが説明できる．接尾辞優先と右
側主要部規則について，以下で詳しく考えよう．

4.4.　語強勢位置と接尾辞優先傾向

　以上のように考えると，なぜ世界の言語で接尾辞が優先されるのかが説明
できる．語（派生語）は最小とも言える構成素であり，音節数も少ないため，
0 か 1 音節の接尾辞を語基に付けても右端からの強勢位置が語強勢の範囲に
収まるためと考えられる．例えば語末第 2 音節に強勢を持つ 2 音節の語基
に 1 音節の接尾辞がついても，派生語全体での強勢位置は語末第 3 音節に
なる．

(37) a.　$[_{\text{Base}}\ \pmb{\sigma}\ \sigma] + [_{\text{Affix}}\ \sigma]$

　　　b.　$[_{\text{Word}}\ [_{\text{Base}}\ \pmb{\sigma}\ \sigma]\ [_{\text{Affix}}\ \sigma]]$

これは，右指向強勢（right-oriented）や語末第 3 音節強勢のシステムを持つ
言語では許される．よって，左側強勢の言語はもとより，右側強勢の言語で
も，強勢位置にある程度の範囲があれば，接尾辞をとることができる．ゆえ
に，接尾辞が世界の多くの言語で優先されていると考えられる．

　ただし，重さ依存強勢でなく，固定強勢言語の場合は，条件が厳しくな
る．接尾辞が 1 音節でもあれば，語末からの強勢位置が許容範囲を超えて
しまうからである．例えば，上で見た例（37a）のように，語末第 2 音節に
固定強勢を持つ言語では，（37b）のように 1 音節の接尾辞を付ければ，語
全体で語末から 3 番目の音節に主強勢が移動してしまう．よって，語末第 2
音節強勢を守るために，次のように接頭辞として接辞を語幹に付けることに

なる.

(38) 　[_Word [_Affix σ] [_Base **σ** σ]]

実際，図 14 を見ると，右側に固定強勢を持つ言語は，重さ依存強勢を持つ言語に比べて，さらに接頭辞を持つ傾向が強い．語末第 3，第 2 音節，第 1 音節の固定強勢言語では，弱い接頭辞指向と強い接頭辞指向が，それぞれ，2，9，2 と 1，3，2 で合計 19 語属と多い（6 + 35 + 10 = 51 語族の 37%）のに対し，重さ依存強勢である右端指向強勢（語末第 3，第 2 音節，第 1 音節）と右端強勢（right-edge（語末第 2，第 1 音節））の言語では，弱い接頭辞指向と強い接頭辞指向が，それぞれ 1，3 と 0，0 で合計 4 語属と少ない（8 + 13 = 21 語族の 19%）．よって，右側強勢の場合，固定強勢の言語のほうが重さ依存強勢の言語より，接頭辞指向が強いと言える．そしてそれは強勢位置の自由度が低いため，接辞の付加に当たっては，(38) のように，語末からの強勢位置に影響を与えない接頭辞を選ぶからと考えられる.

　このようにして，世界の言語で接尾辞が優先的であることを説明しつつ，少数の言語においては，その右側強勢のために接頭辞指向になることを説明することができる.

4.5.　語強勢位置と右側主要部規則

　強勢位置による語順の制約は，複合語にもあてはまる．まず，主要部の語（Word(H)）が 1 音節の語であれば，接辞の場合 (37) と基本的には同じであり，修飾語（補部）（Word(C)）の右側に置くと次のようになる.

(39) a.　[_Word(C) **σ** σ] + [_Word(H) σ]
　　　b.　[_Compound [_Word(C) **σ** σ] [_Word(H) σ]]

複合語 (39b) の主強勢は語頭あるいは語末第 3 音節にあるので，それらの強勢位置を許す言語は比較的多い．よって，世界の言語で右側主要部規則が広く適用することが説明できる.

　しかし，複合語の場合は，接尾辞よりも主要部後行の条件がより厳しくなる．なぜなら，一般に語は接辞よりも長く，2 音節以上になることが多いか

らである．2音節からなる語が主要部である複合語は，主要部後行語順を
とった場合，その主強勢が右側強勢の範囲を越えて左に行ってしまうことが
考えられる．

(40) a. $[_{Word} \underline{σ} σ] + [_{Word} \underline{σ} σ]$

    b. $[_{Compound} [_{Word(C)} \underline{σ} σ] [_{Word(H)} σ σ]]$

(40) では，補部（修飾部）に主強勢が置かれ，複合語全体では語末から4
番目の音節になる．これは語末第3音節までしか強勢を認めない（right-ori-
ented）言語では問題となる．さらに，語末第2音節までしか強勢を認めな
い右端強勢（right-edge）の言語では，(41b, c) のように，主要部か補部の
どちらか一方の語が2音節以上であれば，その許容範囲を超えてしまう．

(41) a. $[_{Word} \underline{σ}] + [_{Word} \underline{σ} σ]$

    b. $[_{Compound} [_{Word(C)} \underline{σ} σ] [_{Word(H)} σ]]$

    c. $[_{Compound} [_{Word(C)} \underline{σ}] [_{Word(H)} σ σ]]$

よって，右端強勢の言語では，主要部先行語順を選択し，主強勢を許容範囲
に収めることとなる．

(42) a. $[_{Word} \underline{σ}] + [_{Word} \underline{σ} σ]$

    b. $[_{Compound} [_{Word(H)} σ] [_{Word(C)} \underline{σ} σ]]$

    c. $[_{Compound} [_{Word(H)} σ σ] [_{Word(C)} \underline{σ}]]$

これがロマンス諸語などの，複合語に対する左側主要部規則だと考えられ
る．

　ここで注意したいのは，(42b, c) のような主要部-補部の語順の複合語を
持つ言語は，複合語形成が生産的でなく，3つ以上の語からなる繰り返しの
複合語を持たないという事実である．これを次の節で考えよう．

4.6. 複合語の生産性と繰り返し

　複合語は，上で見たように，右側主要部規則に従い，補部-主要部の語順
をとる言語が比較的多いが，語の右側に強勢をもつ言語は主要部-補部の語

順の複合語を持つことがある．しかしながら，以下に述べるように，こうし
た左側主要部の複合語は，純粋な複合語というよりは，句複合語 (phrasal
compound) に近い性質を持つものと考えられる．そのため，新しい複合語
を自由に作ることができず（生産性が低く），繰り返しの複合 (recursive
compounding) もできない．Snyder (2001) は，Bauer (1978: 83) の例を
引用しながら，フランス語の複合語が生産的でないことを述べている．

(43) a. *homme grenouille*

　　　 man　　 frog

　 b. frogman

　 c. *frømand*

　　　 frog-man

英語 (43b) とオランダ語 (43c) は，milkman, mælkemand との類推から，
「蛙を売る男」という意味に解釈できるが，フランス語 (43a) は，「潜水夫」
という意味にしか解釈されない．つまり，合成的 (compositional) な意味を
もつ複合語を新しく作ることができないのである．よって複合語の生産性が
低い．

　また，複合を繰り返し適用してより大きな複合語を作れるかという点で
も，左側強勢の言語のほうが右側強勢の言語よりも優れている．ドイツ語や
オランダ語などは繰り返しの複合により，長い複合語を作ることができ，英
語もまた同様である．次のドイツ語 (44a) とオランダ語 (44b) で LE は
Linking Element（結合要素）の略である．

(44) a. Donau-dampf-schiff-fahrt-s-gesellschaft-s-kapitän-s-mütze

　　　 Danube-steamboat-ship-journey-LE-company-LE-Captain-LE-hat

　　　 'cap of the captain of the Danube steam ship company'

　 b. weer-s-voorspelling-s-deskundingen-congress

　　　 weather-LE-forecast-LE-experts-conference

　　　 'conference of the weather forecasts experts'

　 c. [[[[tówel rack] designer] training] program]

こうした言語は，語頭などの左側強勢を持つため，たとえ複合が繰り返され
て長い複合語が形成されても，その構造は（44c）に示すように，基本的に
左枝分かれであり，その構造で一番深い，最初の構成素に強勢が置かれる．

　これに対し，ロマンス諸語は，基本的には繰り返し複合語を持たない
(Mukai (2008))．Bisetto (2010: 27) はイタリア語の繰り返し複合語として
次のような例を挙げているが，この種の表現は日常会話では使われないと述
べている．

(45)　[ufficio [responsabile [reparto [giocattoli e　　attrezzature
　　　 office　 manager　　　 section toys　　　 and facilities
　　　 sportive]]]]
　　　 sports
　　　 'toys and sports facilities section manager office'

また，Bisetto は，短い繰り返し複合語は文中やインターネットで容易に見
つかると述べ，次のような例を示しているが，これらは headline flavour（見
出し語的な感じ）を持つと指摘している．

(46) a.　Il comune ha introdotto un programma riciclo materiali molto
　　　　 innovativo
　　　　 'the municipality has introduced a very innovative **stuff recy-
　　　　 cling programme**'
　　 b.　L'ufficio oggetti smarriti è stato trasferito al secondo piano
　　　　 'the **lost property office** has been moved to the second floor'
　　 c.　I moduli di richiesta acquisizione libri sono sul bancone dis-
　　　　 tribuzione libri
　　　　 'the forms for **book acquisition request** are on the **book dis-
　　　　 tribution counter**'

このように，イタリア語でも繰り返し複合語は可能ではあるが，ゲルマン諸
語やトルコ語のように広く見られるわけではない，という観察を Bisetto は
示している．

4.7.　主要部–補部の語順と要素の結びつき

　このように見てくると，主要部と補部の語順と複合語の生産性および繰り返しの可能性が相関していることが分かる．ゲルマン諸語のように主要部後行語順の複合語を持つ言語は，複合語形成が生産的で繰り返し複合が可能であり，ロマンス諸語のように主要部先行語順の複合語を持つ言語は複合語形成が非生産的で繰り返し複合が不可能である．これはなぜであろうか．

　ここで，要素と要素の音韻的な結びつきの強さが，語順によって異なるということを考える必要がある．まず英語の繰り返し複合語を見てみよう．

　(47) a.　[[kítchen towel] rack]（キッチンタオル掛け）
　　　 b.　[kitchen [tówel rack]]（台所のタオル掛け）

日本語訳でも示されるように，左枝分かれの (47a) では，3 つの語が緊密に結びついているが，右枝分かれの (47b) では，1 番目と 2 番目の語は「の」でつながれており，その結びつきは弱いと思われる．

　この結びつきの強さの違いは，日本語では連濁の有無として現れる（例はOtsu (1980) による）．

　(48) a.　[[にせだぬき] じる]（[[偽狸] 汁]）
　　　 b.　[にせ [たぬきじる]]（[偽 [狸汁]]）

(48a) はたぬきに似た「ニセダヌキ」（架空）という動物から作った汁で，(48b) は狸汁と偽って別の動物（例えば豚）から作った汁である．(48a) では「しる」は「たぬき」と同様に連濁して「じる」になるが，(48b) では「しる」は連濁するものの「たぬき」は連濁しない．これは，左枝分かれの (48a) では「にせだぬき」と「しる」の結びつきが強いのに対し，右枝分かれの (48b) では「にせ」と「たぬきじる」の結びつきが弱いことを示しているものと考えられる．

　また，ピッチの点でも (48a) と (48b) は異なる．(48a) は必ず 1 つのアクセント核（ピッチの下がり目）で発音され，「だ」は高いピッチで発音されるが，(48b) は「にせ」と「たぬきじる」の 2 つの音韻的な句に分けて，「た」を低く発音することもできる．ここでは低いピッチ（L）を下線で示す．下

線のない音は高いピッチ（H）である．

(49) a. <u>にせだぬきじる</u>　LHHHHHL
　　 b. <u>にせたぬきじる</u>　LHLHHHL

　このように見てくると，（48a）のような左枝分かれの構造では構成素の結びつきが強く，（48b）のような右枝分かれの構造では構成素の結びつきが弱いと言える．とすると，複合語という，語と語が緊密に結びつく構造には，左枝分かれの構造が向いており，右枝分かれの構造はふさわしくない．英語や日本語のように複合語で主要部後行語順をとる言語では，（44c）や（48a）のように主要部が右側の要素として併合していくので，左枝分かれの構造を作り，緊密な複合語を生み出す．これに対し，ロマンス諸語のような複合語で主要部先行語順をとる言語では，（45）のように主要部が左側の要素として併合していくので，右枝分かれの構造となり，緩い結合しか生み出せない．よって，主要部後行語順の言語は複合語形成が生産的で繰り返しを許し，主要部先行語順の言語は複合語形成が非生産的で繰り返しを許さない，と説明することができる．そして，4.3 節で見たように，主要部後行語順をとるか，主要部先行語順をとるかは，強勢の位置が左側か右側かで決まる．よって，強勢位置と語順，そして複合語の生産性と繰り返しの可能性が相関することになる．

4.8.　形態論と統語論の境界

　左枝分かれ構造と右枝分かれ構造で，構成素の結びつきの強さが異なるとすれば，語と句，あるいは形態論と統語論の境界についても，再考すべきであろう．語や形態素が密接に結びつく膠着性（agglutinativity）は，アルタイ諸語などの主要部後行語順の言語に多く見られることが知られているが，これは，主要部後行語順が緊密な左枝分かれ構造を作るためであると考えられる．つまり，主要部後行の（50a）のほうが主要部先行の（50b）よりも緊密な構造だということである．

(50) a.　$[_{ZP} [_{YP} [_{XP} \dots X] Y] Z]$

b.　[$_{\mathrm{ZP}}$ Z [$_{\mathrm{YP}}$ Y [$_{\mathrm{XP}}$ X …]]]

このように考えると，主要部後行の (50a) は句というよりも語に近いということができる．もともと，膠着語などの長い構成素を考えた場合，語とは何かという定義自体が問題になる．ここでの考察では，主要部後行の左枝分かれ構造（50a）は語あるいは語に近い密接な構成素であり，主要部先行の右枝分かれ構造（50b）は基本的に結びつきの弱い句であるということになる．

5.　まとめ

　以上，この章では，形態論に強勢が関係することについて，世界の言語における接尾辞優先および派生語と複合語の右側主要部規則を中心にして考えてきた．ここでの考察は，さらに多くの言語の強勢や形態構造を研究することによって理論的・実証的に確かめる必要がある．今後もこの分野のインターフェイス研究が進んでいくことに期待したい．

第 4 章

語彙意味論と語形成のインターフェイス*

由本陽子（大阪大学）

1. 導入

　語彙意味論は，生成文法の GB 理論に対応するような形で発展してきた，レキシコンと統語論・意味論のインターフェイスを扱う理論である．Chomsky (1981) が提案した投射原理（Projection Principle）に従えば，語彙の統語的情報が文の統語構造の決定において重要なものとされたが，語彙意味論の提唱者である Beth Levin らは，さらに，「項の具現形式の大部分は動詞の意味から予測可能である」という前提を出発点に，構文交替などを中心として，意味的観点から文法的現象の分析を行ってきた．語彙意味論といっても，個々の語彙の意味を精緻に記述することが目的ではなく，意味的情報のうち文法的現象に関わる成分を抽出し，体系的に記述することを主眼としているのである．特に動詞の項がどのように具現されるかに関しては，動詞の意味を統語構造と規則的に対応させられるよう構造的に表した Jackendoff (1990) が提案した語彙概念構造（Lexical Conceptual Structure，以下 LCS）が非常に説明力のあるものとされ，語彙意味論において道具立ての主力となってきた．

---

　* 本稿は 2020 年度日本学術振興会科学研究費基盤（B）17H02334 の支援により行った研究成果の一部である．

　LCS とは，動詞の事象構造を決定する基本的な意味関数（ACT，CAUSE，BECOME，BE など）とそれらが選択する項から成る階層的構造によって語彙の意味を記述したものであり，語に固有の意味要素（root）は項の値，すなわち定項として表される．例えば，break のような典型的な使役他動詞の LCS を（1a）のように表すことにより，このタイプの動詞には対象項の状態変化の結果（BROKEN）が必ず含意されることが保証される．いっぽう，同じ他動詞でも，hit のような対象項への働きかけのみを表し，その結果についての含意をもたない動詞については，（1b）のような LCS が想定されている．このように同じように2つ項をとる他動詞でも break タイプと hit タイプは異なる事象構造をもつことが LCS によって明示的に表される．[1]

(1) a. [[[x] ACT ON [y]] CAUSE [[y] BECOME [BE [AT [BROKEN]]]]]
　　 b. [[x] ACT ON [y]]

　break タイプと hit タイプの動詞は，項構造においては，いずれも直接内項（internal argument）[2] を1つとる他動詞で <x, y> のように表され，同じになってしまうが，意味だけでなく統語的にも様々な異なる性質をもつ．語彙意味論では，これらを LCS の違いによって説明してきた．例えば，（2）の下線部のような結果述語の生起制限が，統語論では構造的な条件，すなわち直接目的語の要素のみを叙述する，[3] という条件によって説明されていたが，（2）からもわかるように日本語では，英語と異なり，他動詞の中でも結果述語が現れ得るものが制限されており，構造的制約は十分な説明を与えるものではないことがわかる．この問題を解決すべく，語彙意味論では，動詞の意味と結果述語の関係を LCS を用いて表すことにより，英語の結果述語

---

[1] 使役動詞の LCS については，ほとんどの動詞については，原因事象 [[x] ACT ON [y]] を CAUSE の第1項として記述するのが適切であるが，スペースの節約のために，動作主 x が CAUSE の主語であるように記述する場合があることを了承いただきたい．
[2] 「直接内項」とは動詞が直接 θ 役割を与える項である．構造上は直接目的語位置に具現されるものである．
[3] Levin and Rappaport H. (1995) では，Direct Object Restriction と呼ばれている．

には2つのタイプ，すなわち，(3a) のように break タイプの動詞がもともと含意する結果状態をより特定する働きのものと，(3b) のように，結果含意がない hit タイプの動詞と共起して，網掛けの部分を付け加えることにより，意味構造を大きく変更するタイプとがあることを明らかにした．この分析によって，日本語その他の言語では，後者のタイプの結果構文は原則容認されないという意味的制約があることも明らかになったのである（cf. 影山 (1996)）．

(2) a.　John break the vase into pieces.／健は花瓶を粉々に壊した．
　　 b.　John hammered the metal flat.／*健は鉄を平らにたたいた．
(3) a.　[[[x] ACT ON [y]] CAUSE [[y] BECOME [BE [AT ⌈ BROKEN ⌉]]]]
　　　　　　　　　　　　　　　　　　　　　　　　　　⌊ into pieces ⌋
　　 b.　[[x] ACT ON [y]] + CAUSE [[y] BECOME [BE [AT [FLAT]]]]

　語形成においても，派生による意味・統語両面の変更を説明する際，統語的カテゴリーや項構造では捉えられない側面があり，これらについては，LCS を用いた分析が非常に有効である．本論では，2節で英語の動詞への接辞付加をとりあげて，このことを示す．

　LCS による分析は，このようにもっぱら動詞のアスペクトや主題関係に注目したものであるため，動詞が項としてとる名詞のほうにはあまり関心が向けられていなかった．しかし，近年 Pustejovsky の生成語彙論の枠組みにおける新たな理論展開によって名詞の意味論にも注目が集まるようになってきた．特に生成語彙論が提唱するクオリア構造（Qualia Structure）により，百科事典的知識も語彙意味記述に取り入れることが可能となり，動詞と項に現れる名詞の意味との関係や，文脈によって変化する語の多義性や意味拡張についても体系的に捉えることが可能になってきた．Pustejovsky (1995) によれば，クオリア構造では，(4) のような4つの役割[4]に区別した語彙の

[4] 4つのカテゴリーは Pustejovsky (1995) では quale（クオリア）とも role（役割）とも呼ばれている．本論では国内でより広く使用されていると思われる「役割」のほうを用いる．

意味記述がなされ,⁵ 例えば novel であれば,（5）のように記述されるが，特に目的役割と主体役割が事象構造で表されている点に注意されたい．（5）では，目的役割において novel（x）は典型的には人（w）が story（y）を読むためのものであること，また，主体役割において，その story（y）は人（z）が書いたことによって生じたものであることが示されている．⁶

(4) a. 構成役割（Constitutive role）：物体とそれを構成する部分の関係
    b. 形式役割（Formal role）：物体を他の物体から識別する関係
    c. 目的役割（Telic role）：物体の目的と機能
    d. 主体役割（Agentive role）：物体の起源や発生に関する要因

(5) *novel*
$$\begin{bmatrix} 構成役割： & \text{story (y)} \\ 形式役割： & \text{kind of literature (x)} \\ 目的役割： & \text{read (e, w, y)} \\ 主体役割： & \text{write (e', z, y)} \end{bmatrix}$$

Pustejovsky（1995）は，このように，名詞の意味記述の中にその名詞概念に関係する事象構造を想定することにより，名詞が項の位置に現れた場合，動詞との意味合成において，以下のような意味拡張が起こることを説明した．

(6) a. John began a novel. → John began reading a novel.
    b. John baked the potato.
    c. John baked the cake.

まず，（6a）では，なぜ，本来は具体物を表す名詞が「小説を読むこと」という事象概念を表し得るのか，その理由は novel が begin という，行為を項として要求する動詞の項として起こっていることにある．動詞との意味合成を成功させるために，本来具体物を表す novel の意味を目的役割内の

---

⁵ 各役割の説明は，小野（2005: 24）に従った．
⁶ novel のクオリア構造は，影山（1999: 56）に示されている「小説」のクオリア構造に従った．

行為の意味に読み替えているのである．このような現象を Pustejovsky (1995: 115) は「タイプ強制 (type coercion)」と呼び，動詞に選択される補語の位置に生起することによってライセンスされる現象だとしている．

　(6b) (6c) に見られる動詞の多義性については，共起する要素によって，動詞の意味が拡張されるプロセスを想定する分析が提案されている．技術的な部分を省略して Pustejovsky (ibid.: 122f.) の分析を簡単に説明すると，以下の通りである．bake の本来の意味は (6b) の用法における状態変化の使役動詞だが，(6c) では cake を項にとることで，作成の意味に変化している．これは，cake の主体役割に bake (e, x, y) という情報が記載されており，文の解釈において bake と cake のクオリア構造が合成する際に，「共合成 (co-composition)」と呼ばれる操作が起こるからである．このように，語の意味が共起する要素に影響され，一定の原理に従って変化するという現象は，LCS による分析では説明できなかったことである．

　基本的に外界の物体や出来事に新たな名づけをすることを目的とする語形成においては，語に関する百科事典的知識が大きな役割を果たしており，したがってクオリア構造に言及した分析が非常に有効である．本論では，3 節で英語における名詞から動詞への転換による語形成においては，名詞のクオリアに含まれる情報が利用されていることを示す．さらに，4 節では「名詞＋名詞」型の複合名詞について取り上げ，2 つの名詞のクオリア構造がどのように意味合成されているかを分析することによって，多様な意味解釈と生産性の違いが生まれていることが説明できることを示す．

2.　動詞の LCS と接頭辞付加規則

　英語には動詞から新たな動詞を作り出す接頭辞が多様性豊かに存在する．接頭辞付加をどのように分析するかは，理論的枠組みによっても異なり，個々の接頭辞付加規則について，基体（もとの動詞）の意味と統語的性質にどのような変更が生じるかがレキシコンに登録されていると仮定する立場，あるいは，個々の接頭辞自体が語彙項目として登録されており，その意味と文法的機能が記載されていると考える立場など，いくつかのアプローチがあ

110

るが，いずれにせよ，母語話者はそういった知識に基づいて新たな語を形成
し，また，初めて見聞きする派生語の意味を理解していると考えられる．し
かし，動詞の接頭辞付加による語形成に関しては，接頭辞付加に関わる制約
も，また，個々の接頭辞が基体動詞の意味と統語的性質にどのような影響を
与えるかについても，一般化が捉えにくく，接頭辞付加規則の記述は簡単で
はない．例えば，(7)(8) に示す例を見ると，un- 付加[7]の容認性は，統語的
カテゴリーによって説明できるとは思えない．いずれも基体動詞は他動詞で
あり，直接目的語として対象項をとる動詞であるから，項構造は共通の <x,
y> が想定されるものであるが，(8) に挙げたタイプには un- 付加が許され
ないのである．

(7) a. fasten the rope to the pole → unfasten the rope from the pole

b. wrap the baby with the blanket → unwrap the baby

c. load goods onto a truck → unload goods from a truck

(8) a. hit the ball over the fence → *unhit the ball

b. kick the door open → *unkick the door shut

c. hammer the nail in → *unhammer the nail out

(7) と (8) の違いが，基体動詞の意味に起因するものだということは直感
的に推測できるだろうが，英和辞典に一般に記載されているように，un- が
基体動詞が表す行為と「反対」とか「逆」の動作を表すものだからという理
由では，納得できる説明をすることはできない．ここで，説明力を発揮する
のが LCS である．(7) と (8) にあげた 2 タイプの他動詞は，1 節で見た
break と hammer に対応するものであり，それぞれ (1a)(1b)((9) に再掲)
の LCS が想定されるものである．つまり，un- 付加は BECOME 以下の結
果事象を含む動詞にしか許されないのである．[8]

---

[7] ここでは，動詞に付加される un- のみを指している．本論では述べる余裕はないが，
形容詞につく un- も生産性が高く，いずれも否定的意味を基体に付与するという共通性が
あるため，由本 (2005) では，両者の共通性を説明する分析を提案している．

[8] ただし，break や kill のように，復元が不可能だと認識される結果を含意する動詞
に un- 付加は許されない．これは，百科事典的知識に基づく語用論的な制約ということに

(9)　a.　[[[x] ACT ON [y]] CAUSE [[y] BECOME [BE [AT [α]]]]][9]

　　　b.　[[x] ACT ON [y]]

由本 (2005: 34) では，un- 付加規則を (10) のような LCS レヴェルの規則として記述することでこの事実を説明した．(10) の規則によれば，そもそも BECOME 以下の結果事象を含まない (9b) のような LCS には適用されないという制約も示すことができる．

(10)　un- 接辞付加規則

　　　[[[x] ACT ON [y]] CAUSE [[y] BECOME [BE [AT[α]]]]]　⇒

　　　[[[x] ACT ON [y]] CAUSE [[y] BECOME [BE [NOT-AT[α]]]]]

LCS によって記述することで説明できるのは，接頭辞付加規則の制約だけではない．例えば，非常に生産性が高い over- 付加による動詞形成では，基体動詞の統語的性質の変化には，一見一般化しにくい多様性が見られるため，この接辞付加規則を規定するのは容易ではない．

(11)　a.　flow over the bank → overflow the bank

　　　b.　fly over the territory → overfly the territory

(12)　a.　shoot the arrow over the target →

　　　　　overshoot {*the arrow / the target}

　　　b.　draw money from the account →

　　　　　overdraw {*the money / one's account}

(13)　a.　load freight onto the ship → *overload freight onto the ship

　　　b.　load the ship with freight → overload the ship with freight

(14)　a.　simplify the rule → oversimplify the rule

　　　b.　boil potatoes → overboil potatoes

なる．

　[9] α は，break のような状態変化を表す動詞の場合は，結果状態を表す定項，例えば BROKEN となり，(7c) の load のように位置変化を表す動詞の場合は，着点にあたる変項 z が入る位置ということになる．

まず，（11）では，自動詞を基体として他動詞が派生されている．いっぽう，他動詞を基体とすることもできるが，その場合，（12）のように基体動詞の目的語に対する選択素性が変化する場合と，（14）のように全く変化のない場合とがある．また，（13）のように直接目的語と前置詞句補部とが交替可能な動詞を基体とする場合，over- がつくことができるのは，場所項を直接目的語とする用法のみである．ここでカギとなるのが，（11）（12）の over-V において直接目的語として現れているものが over- が表す意味に対して果たしている役割である．over- は（11）の例では「〜を越えて」とか「〜の上を」といった意味を表し，直接目的語はその場所を表す．（12）の例でover- は「過剰」の意味を表しているが，直接目的語はその程度を示す基準点を表していると考えられる．すなわち，（12a）では，射た矢が遠くまでゆきすぎたのだが，その過剰を表す基準が target であり，（12b）では，銀行からおろしたお金が多すぎたということを，本人の口座に入っていた残額のメトニミーとして account を基準として表しているのである．以上の観察から，由本（2005）では，over- 付加規則を LCS によって以下のように表すことを提案した．[10]

(15)　over- 接辞付加規則
　　　a.　[… [[x] GO [$_{Path}$ … [$_{Place}$ P [y]]]]] ⇒
　　　　　[… [[x] GO [$_{Path}$ … TO [$_{Place}$ OVER [y]]]]]
　　　b.　[… [[y] BECOME [BE [$_{Place/Property}$ P[y]]]]] ⇒
　　　　　[… [[y] BECOME [BE [$_{Place/Property}$ OVER[y]]]]]

(15) では，over- 付加規則が，移動動詞または，状態変化を含む動詞に付加され，過剰の意味（OVER）を広い意味での（結果状態も含めた）着点にあたる部分に付加する規則として捉えられている．OVER は語彙化しており前置詞として具現されることがないことから，この LCS から導かれるのは，OVER が項としてとる y を直接目的語として選択する動詞である．つまり，flow over the bank において前置詞 over が，流水が超えた基準を示

---

[10] (15)-(19) の LCS は，由本 (2005: 82-85) に軽微な修正を加えたものである．

す bank を選択しているように，over-V は over- が表す「過剰」の意味にお
ける基準点にあたるものを直接目的語に選択するということである．(15a)
により，overflow は (16) の LCS を与えられ，結果として y を直接目的語
として具現する必要が生じるため，自動詞から他動詞への変更を伴うことに
なる．overshoot の場合は，項として加わった y を目的語として表すために，
基体の本来の目的語は語彙的に充足される（つまり，何を射たかは暗黙の了
解がなされている）必要が生じる．その結果 (17) のような LCS が仮定さ
れるが，これは overshoot の意味も統語的性質も正しく表すものになってい
る．

(16)   overflow: [[x] GO [$_{Path}$ TO [$_{Place}$ OVER [y]]]]]

(17)   overshoot: [[x] CAUSE [[ARROW] GO [$_{Path}$ TO [$_{Place}$ OVER [y]]]]]]

BECOME を含む overload については，(15b) が適用され，移動の対象
物を目的語として表す場合は位置変化動詞の着点に OVER が付加された
(18a)，場所を目的語として表す場合は，結果状態に OVER が付加された
(18b) の LCS が派生されると考えられる．[11]

(18) a.   overload$_1$: [[x] CAUSE[[y]BECOME [BE [$_{Place}$ OVER[z]]]]]
            *overload freight ship

    b.   overload$_2$: [[x] CAUSE[[y]BECOME $\left[$ BE [$_{Property}$ OVER[LOADED]] $\right]$]]
                                                    WITH [z]
            ✓overload the ship with freight

(18a) が容認されない理由は，この LCS を統語構造に対応させる場合，場
所を表す前置詞部分が OVER によって語彙化されているために，y のみな
らず，z も直接目的語として具現する必要があり，項の具現において問題が
生じるからである．[12] いっぽう，(18b) では，OVER が項としてとっている

---

[11] いわゆる「壁塗り交替」を起こす動詞は生起する構文によって，異なる意味構造をも
つと考えられている．詳しくは，岸本 (2001) などを参照されたい．
[12] この場合は，積む荷物として典型的なものがないので，(17) のように y を語彙的に
充足することもできない．

114

のは，結果状態を表す定項 LOADED（荷が積まれた状態）であるため，これは統語的に具現する必要がなく，場所項を目的語とし，積まれる物体はwith を伴った付加詞として表すという，基体動詞の性質をそのまま受け継ぐ動詞として容認されるのである．結果として「船を過剰に荷積みされた状態にする」という解釈が導かれることになる．

　さらに，(14) のように基体動詞の他動性も選択素性も何ら変更を生じない場合についても，(18b) と同様に分析できる．この場合も，(19) に示すように，OVER の項は結果状態を表す定項 SIMPLE なので，基体動詞の統語的性質に影響を及ぼすことがないことが説明できる．

(19)　oversimplify:
　　　[[x] CAUSE [[y] BECOME [BE [_{Property} OVER [SIMPLE]]]]]

　以上，動詞から新たな動詞を作り出す接頭辞付加規則が，基体の意味や統語的性質によって，いくつかの異なるパターンを見せる場合でも，LCS のレヴェルで捉えることにより，ある程度統一的に規則を記述することができることを示した．接辞の意味機能は一定なのだが，基体動詞の意味によって項構造や選択素性に与える影響が様々に異なった形で現れるという事実は，LCS を用いて分析することによってはじめて明確に説明できるのである．

3.　名詞のクオリア構造と名詞転換動詞

3.1.　英語の名詞転換動詞の多様性

　英語では，名詞をそのまま動詞として用いた文が頻繁に使用されている．これは，英語では，名詞から動詞への品詞の「転換（conversion）」による語形成が，様々な意味を表す名詞についてかなり自由に許されているからである．実際，名詞からの転換による動詞は (20) に示すように実に様々な事象や行為を表すことが可能である．

(20) a.　John **mopped** the floor.
　　　　（ジョンは床をモップで拭いた）

b.　Bill **hammered** the nail into the wall.

（ビルは釘をハンマーで壁に打ち込んだ）

c.　Mary **pinned** a corsage on the hat.

（メアリはコサージュをピンで帽子に留めた）

d.　**Fax** the document to me. / **Fax** me the document.

（書類をファックスで送ってください）

e.　The dentist advised me to **floss** (my teeth).

（歯科医は私にデンタルフロスを使って歯をきれいにするように言った）

f.　You can **bus** to school from the station.

（駅からバスで学校に行けます）

　このような名詞から動詞を作る転換の規則を記述するには，まず，これらの多様な意味がもとの名詞からどのように導き出されるかを明らかにしなければならない．日本語の訳文からもわかるように，動詞が表す事象概念においてもとの名詞は様々な意味役割を担っている．例えば (20) にあげた例は，すべてもとの名詞が道具（手段）として使われる行為を表す例で，このタイプがもっとも多いのだが，そのほかに，もとの名詞が位置変化の着点や起点を表すもの ((21a, b, c))，役割を表すもの ((21d, e))，状態変化に関わるもの[13] ((21f, g, h)) など，実に多様性に富んでいる．本節では，この多様な解釈がもとの名詞のクオリア構造で与えられている情報，特に目的役割や主体役割の中に潜む事象に帰せられることを示していく．

(21)　a.　Mother **bottled** marmalade.

（おかあさんはマーマレードを瓶に詰めた）

　　　b.　We **archived** the documents.

---

[13] (21f, g) の例文においてもとの名詞はある場所に加えられるもの，(21h) では，ある場所から取り去られるものを表すので，「対象 (Theme)」として解釈されていると見なすこともできるが，後述するように，これらの転換動詞が表す意味は，対象の場所への，または，場所からの移動というより，場所にあたる物体の状態変化であるので，「状態変化に関わるもの」という表現を用いている．このような動詞において移動するものを語彙意味論では，「物材 (material)」と呼んで，対象と区別する場合がある．

116

  （書類はアーカイブに保管しました）

 c. They moved to the West to **mine** gold.

  （彼らは金を**鉱山**から採掘するために西部に移動した）

 d. Mr. Fukunaga **jockeyed** Contrail.

  （福永氏はコントレイルのジョッキーをつとめた）

 e. Mary **nursed** her husband to health.

  （メアリは夫を看病して元気に回復させた）

 f. Bill doesn't **sugar** his coffee.

  （ビルはコーヒーに**砂糖**をいれない）

 g. They plan to **tree** the avenue.

  （この通りに**木**を植えることが計画されています）

 h. **Shell** peanuts and crush them up.

  （ピーナッツの**殻**をむいて粉々にしてください）

 転換動詞の分析は意味だけを対象としてはいけない．(20) の例文をよく観察すると，意味の違いに伴い，各動詞の統語的性質も様々に異なっていることがわかる．mop は目的語に後続して前置詞句を表すことができないが，hammer と pin には前置詞句が現れている．fax は二重目的語構文を作ることが可能で，いわゆる与格交替もできる動詞である．floss のように目的語を省略できる動詞もあれば，bus のように本来的に自動詞として用いられる場合もある．母語話者は，新たに形成された動詞が自他どちらになるのか，どういう構文に現れ得るのか，といったことを，形に表れた手掛かりもないのに，何らかの情報をもとに適切に予測しているのである．この母語話者の予測が何に基づくのかを明らかにするには，作られた動詞の統語的性質を，名詞の情報だけをもとに，原理的に，かつ体系的に説明するような，転換のメカニズムを解明しなければならない．

 上記のような多様な例を見ると，英語の名詞はかなり自由に動詞に転換するように見えるが，いっぽうで，例えば，house という名詞から「（丘の上に）家を建てる」という動詞 *house (on the hill) を作ることはできない．つまり，目的語に相当する名詞からの転換による動詞形成は容認されないの

である．また，英語の話者の間には，動詞への転換が容易な名詞はどのような タイプのものか，すなわち生産性の違いについても，共通の直感があると 考えられる．名詞転換動詞の分析は，このような容認性，生産性の違いにつ いても説明を与えるものでなければならない．3.2 節では，これらの問題に 対して，語彙意味論的アプローチから提案された，転換動詞の LCS を用い た分析を紹介し，この分析の妥当性と問題点について考えてみる．

3.2.　転換動詞と基体名詞の意味

　3.1 節で述べたように，英語の名詞転換動詞が表す事象において，基体名 詞（もとの名詞）は様々な意味役割を果たし得る．Clark and Clark (1979) （以下 C&C）は 1300 以上の実例を集め，名詞転換動詞の意味を丁寧に分類 している．以下にその概略を示しておく．○が基体名詞に対応している．中 には，辞書には載っていない即興的に作られたものも多く含まれている （(22) の例では即興的なものに＋をつけて区別している）．

(22)　Clark and Clark (1979) による分類

　　　【もとの名詞が道具】（○を使って～する）（移動）＋**subway** to 64th Street,　**ship** the books to the US,　（固定）**staple**, **screw**,　＋**seat-belt** a child,　（清掃）**rake** the grass,　＋**floss** one's teeth,　（打撃）**bat** the ball,　＋**ruler** the child's hand,　（切断）**knife** the man,　＋**razor** off his beard,　（破壊）**bomb** the village,　＋**napalm** the village, （捕獲）**trap** the gopher,　**net** the fish,　（妨害）**shield** the child, **screen** the people from the view,　（その他）＋**trumpet** the music, **fork** the pickle,　＋**chopstick** the beansprouts,　**sieve** the flour

　　　【もとの名詞が着点・起点】（○に～を入れる，載せる，付ける） **kennel** the dog,　＋**rack** the plates,　**jail** the prisoner,　＋**barn** the cows,　**cellar** the wine,　**garage** a car,　**can** the fruit,　＋**case** the violin,　**seat** the guest,　**cradle** the child,　**dock** the boat （○から～を取り出す）**tee** off the golf ball,　**mine** the gold,　**shell** the peas,　**quarry** the marble

118

【もとの名詞が物材[14]】（○を〜に付ける，載せる，かける，etc.）
powder the nose, **saddle**, **butter**, +**tenant** the building, the window **ice**d over, **star** the sentence, **dog-ear** the page
（○を〜取り除く）**skin** the rabbit, **shell** the peanuts, **weed**, +**bark** the tree, **bone** the fish, **worm** the puppy
【もとの名詞が動作主】（○のように／として振る舞う）**referee** the game, **tutor** the boys, **shepherd** the sheep, **father** the child, +**chairman** the department, +**heir** the estate, **pig** at the dinner-table
【もとの名詞が変化の着点】（〜を○にする）**powder** the aspirin, **fool**, **scapegoat**, **pile**, **bundle**, **cash**, +**monk**, **cube** the potatoes, +**lump** the sugar
【もとの名詞が期間】（○の間〜する）**summer** in Paris, **winter** in California, **weekend** at the cabin, +**Christmas** in England
【その他】**lunch** on a hotdog and a coke, **picnic**, (come and) **tea** with me, +**blackberry** in the woods, +**rim** the glass with salt, **rain**, **snow**, **hail**

C&C は，上記のリスト以上に詳細な分類をすると同時に，特に即興的に作り出されるものの解釈に注目した結果，名詞転換動詞の意味は，話者間に共有される世界知識（ここでは「百科事典的知識」と呼ぶ）に基づき，使われる時，場所，状況といったコンテクストによって移ろう（shifting）ものであるから，あくまでも語用論の問題として処理すべきだと結論づけている．その第一の根拠とされているのは，以下のような固有名詞からの転換動詞についての観察である．

(23) a.　My sister **Houdini**'d her way out of the locked closet.
　　　　（妹は Houdini のように鍵のかかったクロゼットから抜け出た）
　　b.　Joe got **Houdini**'d in the stomach yesterday.

---
[14] 「物材」については，注 13 を参照されたい．

（ジョーは昨日 Houdini のようにいきなり腹を強く殴られた）

Houdini というのは，有名なアメリカのマジシャンである.[15] Houdini が脱
出術の名人であったことは多くの人に共有されている知識なので，(23a) の
ような文はたいてい容易に理解される．しかし，彼についてそれ以外の知識
(cf. 注15) を共有していることが前提となっていれば，(23b) のような使い
方も可能となる．つまり，名詞転換動詞の解釈は，もとの名詞が表すものに
ついて会話の参与者間で共有される百科事典的知識に基づいており，その意
味で C&C はコンテクストへの依存を強調しているのである.

　しかし，一般的な普通名詞については，コンテクストに依存しない百科事
典的知識というものが想定できる．例えば，(20) の各例のもとになってい
る名詞は人間の何らかの行為において役立つ道具を表すものであることは話
者共通の知識として存在する．いっぽう，(21d, e) の jockey や nurse は人
の役割を表す名前であるということが話者間で共有されている．(23) の例
からも明らかになったように，名詞が表すものについてのどのような情報が
注目されるかによって，それから作られる転換動詞は意味も用法も違ってく
るのだが，普通名詞の場合，その表す意味の中でどの情報が注目されるべき
ものかについても，ある程度共通の認識がなされていると考えられる．我々
が明らかにすべきは，そのような情報が抽出され，動詞への転換に利用され
るメカニズムである．実際，C&C も，話者間で共有される百科事典的知識
の中で，物体をカテゴリー化する際に用いられる知識について同様の議論を
し，興味深い指摘をしている．彼らによれば，物体の知識を構成する属性に
は，3つの基本的側面（①形や色などに関する物理的性質，②人工物ならば
どのように作られたかといった存在論的性質，③どのような機能を果たすか
といった潜在的役割）に関する規定があり，このような知識に基づいて人々
は物体を認識しカテゴリー化している．そして，これらの素性はすべて同列

---

[15] Harry Houdini (1874-1926) はハンガリー生まれのアメリカのマジシャンで，「脱出
王」と呼ばれたほど，縄抜け，箱抜けなど脱出芸の名人だった．多くの映画や小説にも取
り上げられており，アメリカでの認知度は現在でも高いという．腹部を強く殴られたこと
が死因とされている．(cf.『ジーニアス英和辞典』，フリー百科事典『ウィキペディア
(Wikipedia)』)

に認識されているのではなく，同じカテゴリーに属する他のものからそのものを区別するような特徴づけにおいて中心的役割を果たす卓越した素性（predominant feature）というものがあるという（C&C: 789）．C&C は，この名詞の卓越した素性が，転換動詞の意味の決定に重要な役割を果たしていると述べている（C&C: 793）．C&C では名詞の意味論についてこれ以上の分析が示されていないが，近年の名詞の語彙意味論の進展によって彼らのこのような観察は，より形式的に記述することができる．この点については，3.3 節で詳しく論じる．

　転換動詞の意味記述を考える際には，3.1 節でも述べたように，転換動詞の意味と同時に，選択素性をはじめとする統語素性についても，明確な説明を与える記述にする必要がある．名詞転換動詞の統語的性質が，その意味を基盤として導かれる性質であることは，例えば同じ powder からの転換でも，意味によって統語的性質が異なることからも明らかである．(24b) では可能な結果構文が，(24a′) では容認されず，また，(24a) と (24b) では，目的語の選択素性が異なっている．このような違いは，もとの名詞の解釈が異なり（前者では「粉末」，後者では「粉おしろい」），それに伴って動詞が表す事象の意味構造も異なっていることに起因する．((24a′) が容認されない理由は後述する．)

(24) a.　They powdered the oyster shell.
　　　　　（彼らは牡蠣殻を粉末にした）
　　a′. *They powdered the oyster shell white.
　　b.　Mary powdered her face white.
　　　　　（メアリは顔に粉おしろいをつけて真っ白にした）

　名詞転換動詞の意味構造と統語的性質を形式化した分析としては，Jackendoff (1990) や Kageyama (1997) などがあげられる．彼らは，名詞転換動詞の意味を LCS によって明確化し，また，もとの名詞の意味役割は，LCS 中のどの位置に代入されるかによって示した．例えば，Kageyama (ibid.) によれば，もとの名詞が道具を表すタイプの転換動詞は，(25) のように，基体名詞が表す概念が ACT を修飾する手段（BY-MEANS-OF）を特

定する項として代入されることで形成されると考えている.

(25)　fork（the steak）：フォーク（またはまたぐわ）で刺す，持ち上げる
　　　[[x] ACT ON-[the steak] BY-MEANS-OF-[_{Thing} **FORK**]]

彼らによれば，このような分析は何ら名詞転換動詞のみに特別な操作を含む
ものではない．まず，提案されている LCS は，普通の動詞にも共通の
LCS（この場合は hit などの活動動詞と同じ）であって，名詞転換動詞特有
のものを仮定する必要はない．第2に，LCS 内の項を定項（FORK）で満
たすという操作も，普通は文を作った時点で共起する名詞を変項位置に代入
するという操作を，あらかじめレキシコンですませているだけである．さら
に，すでに単語の意味の修飾要素として定項が挿入されている状態は普通の
動詞でも想定されることで，例えば，kick や「蹴る」にも BY-MEANS-
OF-[**FOOT**] という定項を含んだ修飾部分が備わっていると考えられる.

　ここで注意すべき点は，LCS は動詞の統語的性質を決定する意味を抽出
して表わすものであるため，(25) では fork を使って対象 steak に何らかの
働きかけをすることのみが表されており，「突き刺す」のか「持ち上げる」の
か，具体的にどのように対象に働きかけるのかについては記述されていな
い．この部分こそが，C&C が指摘したコンテクストに依存して決定される
意味だと言える．しかし，fork が動詞に転換した場合の本質的な意味と統
語的性質を記述するには (25) の LCS で十分なのである．これに対して，
例えば，同じ道具を表す名詞でも，bomb が基体であれば，(26a) のように
明確に結果状態を含意する CAUSE を含んだ LCS[16] が，また，(20f) の bus
のように乗り物を表す名詞が基体である場合については，(26b) のように移
動を表す GO をによる LCS が想定されねばならない．これらの LCS は，
意味の記述にとどまらず，(26a) なら目的語を1つとる他動詞構文，(26b)
なら起点や着点を補部とする自動詞構文を作る動詞となることも説明するも
のである.

---

[16] (26a) の LCS は，x が村に爆弾を使って働きかけ，そのことによって村が破壊したこ
とを表す.

(26) a.　bomb (the village)（村を爆撃する）

　　　[[[x] ACT ON-[the village] BY-MEANS-OF-[_{Thing} **BOMB**]]

　　　CAUSE [BECOME [[the village] BE [AT-[DESTROYED]]]]]

　　b.　bus (to school from the station)（駅から学校までバスで行く）

$$\left[[x]\ GO \left[\begin{array}{l} TO\text{-}[school] \\ FROM\text{-}[station] \end{array} \right] BY\text{-}MEANS\text{-}OF\text{-}[_{Thing}\ \textbf{BUS}] \right]$$

　彼らがそれぞれの転換動詞に想定する LCS の妥当性の根拠としている興味深い事実がある．まず，(25) や (26) に示したような LCS はあくまでも名詞転換動詞の意味の原型であり，LCS に代入された名詞概念はもはや外界の存在物を指示する機能はもたない．転換動詞が定着すると，代入された名詞概念が拡張解釈されることもある．例えば，ship は本来「船」を手段とした輸送を表すものだったが，現在では鉄道やトラック，飛行機による輸送をも表すようになっている．以上のことから，基体名詞が表す概念をより具体的に表したい，あるいはそれを実世界の事物によって特定したい場合には，文中でもそれが表出されることになる．例えば，(27a) では by 句によって動詞 ship の意味に含まれている移動手段が実際は ship ではないため，文中でも二重に表示されている．(27b) では，基体 comb が表す道具が転換動詞においては必ずしも「櫛」に限定されなくなっているため，前置詞 with 句によって実際の道具が手の指であることが表されている．また，(27c) のように，基体名詞と同じ名詞が，それが表す実世界での指示対象が特定された形で表現される場合もある．影山 (1997, 1999) はこのような表現を「外部表示」と呼んでいるが，これらの表現が，転換動詞の LCS の妥当性を証明する根拠となり得るというのである (cf. Jackendoff (1990: 165))．すなわち，彼らによれば，外部表示に用いられる前置詞は基体名詞が動詞のLCS 内のどういう役割として代入されているかを示しており，(27) の例でいえば，外部表示が by や with を伴う場合は，手段であり，on の場合は場所という具合である．つまり (27c) のような基体が場所を表すものに相当する場合の LCS は，(28) を想定するのが妥当であることがわかる（α の位置に基体名詞が表す概念が挿入される）．

(27) a. They **ship** goods by express train.

(彼らは貨物を急行列車で輸送する)

b. She **combed** her hair with her fingers.

(彼女は手櫛で髪をとかした)

c. She **shelved** the books on the top shelf.

(彼女は本を一番上の棚に置いた)

(28) [[[x] ACT ON-[y]] CAUSE [BECOME [y] [BE ON/IN-[$_{Thing}$ α]]]]

　基体名詞が手段や場所を表すもの以外で，ある程度の生産性があるのは，人を表す名詞からの転換動詞である．この場合，(21d, e) の例からも明らかなように，基体は動作主ではなく，「～のように（振る舞う）」という修飾要素として解釈され，転換動詞の主語になる変項がその動作主となる．これをLCSで表せば，(29) のようになる（点線部は随意的な要素である）.[17]

(29) [[x] ACT ON- [y] AS/LIKE [α]]

　いわゆる物材（cf. 注 13）として解釈される名詞からの転換動詞も頻繁に用いられる．代表的なものとしては，butter, paint, saddle などがある．これらのLCSについては，諸説あるが，影山 (1997) は，butter なら，(30a) のように「バターを～にのせる」ではなく，(30b) のように「～をバターつき（WITH-BUTTER）にする」という意味を表すLCSを想定すべきだと主張している．ここでも根拠とされているのは，(31) に示す外部表示で，基体名詞に対応する margarine は目的語ではなく with 句で表出されている．

(30) butter

　× a. [[[x] ACT ON-[**BUTTER**]] CAUSE [BECOME [[**BUTTER**] BE ON-[y]]]]

　○ b. [[[x] ACT ON-[y]] CAUSE [BECOME [[y] BE WITH-[**BUTTER**]]]]

---

[17] AS/LIKE [　] がなじむ意味をもつ事象ならどのような動詞でも作り出される可能性があり，skyrocket（急に上昇する），star（星のように輝く），tower（塔のようにそびえ立つ）などのように，主語が無生物で ACT で表すことが必ずしも適切ではない事象を表す場合もある．(29) についてはさらに検討が必要かもしれない.

124

(31) a. *We **butter**ed cheap margarine on the bread.　（影山 (1997: 25)）

　　 b.　We **butter**ed the bread with cheap margarine.

（Jackendoff (1990: 164)）

　基体名詞が変化の結果状態を表すような転換動詞もある．このタイプの
LCS は (28) とほぼ同じ構造だが，着点が場所ではなく，属性（Property）
として解釈されるものである点だけが異なる．

(32)　cash (the check)（小切手を現金化する）

　　　 [[[x] ACT ON-[the check]] CAUSE [BECOME [[the check] BE
　　　 IN-[Property **CASH**]]]]

　(24a) で見た powder はこちらのタイプであり，結果状態が基体名詞に
よって明確に指定されている LCS をもつことになる．したがって，結果述
語をとるならば，「粉末状」であることをより特定するようなものでなけれ
ばならず，ゆえに (24a′) は容認されない．[18]

　以上見てきた名詞転換動詞の LCS は，基体名詞が道具や様態を表す修飾
要素か，あるいは，移動や変化の着点や物材といった結果事象内に代入され
るものであった．これらは，C&C のデータでも数多く見つかっている生産
性の高いタイプである．これらの LCS を並べてみると，以下に示すように，
すべて LCS 内の前置詞句にあたる部分に基体名詞が代入されて形成されて
いるものであることがわかる．

(33) a.　[[x] ACT ON-[y] BY-MEANS-OF-[Thing α]]

　　 b.　[[[x] ACT ON-[y] CAUSE [BECOME [[y] BE ON/IN-[Thing α]]]]

　　 c.　[[x] ACT ON-[y] AS/LIKE [α]]

　　 d.　[[[x] ACT ON-[y]] CAUSE [BECOME [[y] BE WITH-[α]]]]

（cf. 影山 (1997:39) を一部修正）

---

[18] このような結果述語に関わる制約は，ちょうど，break のように結果状態を含意する
動詞につくことができる結果述語が into pieces のように「壊れた状態」をより特定するも
のでなければ容認されず，*break the vase useless のようなものが容認されないことに対
応する．

　これに対して，先述の通り，house（家を建てる）のような目的語にあたる基体を動詞に転換することは一般に認められない.

(34) a. *They **house**d on the hill. (They built a house on the hill. の意)
　　 b. *She **church**ed her money. (She gave a church her money. の意)

　Hale and Keyser (1993) はこのような名詞転換動詞の不適格性の説明に，統語構造による分析を適用しているが，この転換をあくまでも意味構造による派生として分析している影山は，LCS における「際立ち」による説明を提案している. 彼によれば，動詞の中核的意味を決定する部分に関わる項は，LCS 上「際立ち」が大きい要素であるため単語の意味としてとりこみにくいが，「際立ち」が小さい付加詞的要素は，文中での表出も随意的であるから，もっとも語の内部にとりこむことがしやすく，したがって，道具や様態を表す名詞転換動詞の生産性が最も高い. 前置詞句補部は付加詞より際立ちが高いが，項よりも低いので，ある程度とりこみやすい. 基体名詞が対応する要素が語の意味内にとりこみやすいものほど，名詞転換動詞として容認されやすく，生産性が高くなるというのである. このような関係は，以下のように図示されている.

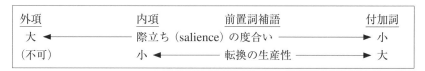

図1：LCS の際立ちと転換動詞の生産性（影山 (1997: 40)）

　以上，主に影山 (1997) に従って，LCS を用いた分析について見てきた. LCS を用いると名詞転換動詞の多様な意味を明確に表すことができるだけでなく，その解釈に基づいて統語的性質が決定されていることが説明できる. 影山 (ibid.) は，さらに各タイプによる生産性の違いが基体名詞の LCS 上の位置によって説明できるとした. このような LCS を用いた分析は，名詞転換動詞について多くのことを明らかにしてくれたには違いないが，いくつか問題点が残されている. まず，個々の基体名詞が (33) のうちどのタイ

プの LCS に代入されて動詞を形成するかを決定する要因については，全く説明されていない．つまり，LCS 分析は転換動詞の意味を記述しているにすぎず，ある名詞がどのような動詞概念を形成するかを予測するものではない．また，生産性の違いについては，「文中での重要性」によって定義される「際立ち」という概念が語の意味構造の形成に影響を与えるという説明では少しわかりにくい．次節では，これらの問題に対する解決案としてクオリア構造を用いた分析を見ていきたい．

3.3. クオリア構造を用いた分析

　LCS を用いた分析では明らかにされていない，基体名詞が代入される LCS がいかに決定されるかについては，影山 (1997) が (35) の容認性の違いに対する説明で述べていることの中にヒントがある．影山は，一見どちらもお金の受取先を表す名詞に思われる church と bank の転換動詞の間にこのような容認性の違いが生じる原因は，お金の移動後に所有関係が認められるかどうかによると考えている．(35a) の LCS は (36a) のように $[\alpha\text{BE[WITH-z]}]$ で表される所有関係を結果事象とし，基体名詞はその所有者にあたるのに対して，(35b) では所有関係の含意はなく，基体名詞は移動の着点を表す．「際立ち」が高い内項にあたる名詞からの転換は容認されないが，それより際立ちが低い前置詞補部であれば容認されるというのである．

(35) a. *She churched her money.

　　　（「彼女は教会にお金を贈った」の意味では不適格）

　　b. She banked her money.

　　　（彼女は銀行にお金を預けた）

(36) a. [[she]$_x$ CAUSE [BECOME [**CHURCH** BE [WITH-[money]$_z$]]]]

　　b. [[she]$_x$ CAUSE [BECOME [[money]$_y$ BE [AT-IN-[**BANK**]$_z$]]]]

しかし，この説明では，なぜ church には bank のように所有関係を含む LCS が想定できないかが明らかでない．影山 (1997: 39) は，なぜ名詞 bank を動詞に転換するかについて，「お金を銀行に預けるという行為は現代社会において日常的に必要な概念であるから，それをいちいち 'put in a bank' という迂言的な構文で表現する代わりに，to bank という 1 語の動詞で済ませてしまう，というのが名詞転換動詞の本質的な働き」だと述べているだけである．しかし，これをもう一歩踏み込んで考えれば，銀行はお金を預ける機関であるという認識が人々に浸透していることが，bank から「お金を預ける」という事象概念を導く前提になっていると言える．いっぽう，church が転換動詞として容認されないのは，影山の言う所有関係の有無というよりも，「お金をわたす」という行為が「教会」と直接結びつくものとして認識されていないことによるのではないだろうか．このほうが格段に説得力がある説明だと思われる．

　前節で参照した C&C も述べていたように，ここで重要になってくるのが，話者間で共有されている，物体をカテゴリー化する際に用いられる百科事典的知識である．百科事典的知識は，1 節で紹介した Pustejovsky (1995) の生成語彙論の出現以来，積極的に語彙意味表記に取り入れられ，クオリア構造として形式化されるようになっている．伊藤・杉岡（2002: 57-58）では，クオリア構造を使えば，名詞転換動詞の LCS がいかに決定されるかが説明できることが示唆されているが詳しくは論じられていないので，以下にその考え方に沿って，前節での問題点に解決を与えるような説明を示す．

　例えば，名詞 bottle（瓶）のクオリア構造は以下のように仮定できる．

(37)　形式役割：container_of (z, y)
　　　構成役割：z
　　　目的役割：x put y in z
　　　主体役割：w make z out of glass or plastic

名詞転換動詞の解釈において重要な役割を果たす，基体名詞が属するカテゴリー内の他の名詞と区別する際に有用な意味素性とはどういうものなのか，これをクオリア構造の 4 つの役割と関連させて考えてみよう．まず多くの人工物については，たいていは何かの目的で作られており，その物体を特定する際には，第一に目的役割の情報が重要視されると考えられる．特に，道具を表すと認識されるような人工物については，目的役割の情報が卓越していると言える．しかも，目的役割というのは，(37) にも示されているよう

128

に，行為を表す事象構造の形で記述されるから，動詞への転換においてこれがそのまま利用されるというのはごく自然なことに思われる．1 節で見た動詞の選択素性に合わせた名詞の意味のタイプシフトに類する解釈メカニズムだと考えてよいだろう．例えば，bottle が動詞に転換されると，(37) の目的役割 [x put y in BOTTLE] に対応する LCS を形成することができる．また，掃除道具である mop なら，'x clean y with MOP'，調味料の sugarは 'x make y sweet with SUGAR'，移動手段である car においては 'x travel from y to w with CAR' といったそれぞれの目的役割の情報を利用することで動詞概念への転換がなされると考えれば，前節で見たそれぞれの転換動詞の LCS を正しく導くことができるのである．

　jockey, doctor, nurse など人の役割を表す名詞の場合は，目的役割として名詞が表す役割が行う典型的な事象が記述されていると考えられる．[19] これらも，容易に動詞に転換されるので，生産性は高い．影山 (1997) はこのタイプの転換動詞の LCS を (38a) のように仮定している．しかし，例えば nurse という名詞の目的役割は，'x look after y (y: person who is ill or in-jured)' のようにその名詞が動作主となる行為として記述され，これらの名詞の目的役割から導かれる LCS は，むしろ (38b) の形になると考えられるのに，実際の転換動詞の LCS は (38a) になることはどのように説明すればよいだろうか．

(38) a.　[[x] ACT ON-[y] AS/LIKE [**NOUN**]]
　　 b.　[[**NOUN**] ACT ON-[y]]

　先述の通り，影山 (1997) の説明では，図 1 に示すように，もっとも際立ちの高い外項の位置にもとの名詞が代入されないことをその理由としているが，本論では，名詞のクオリア構造から LCS を導き出すプロセスによって説明を試みたい．[20] 例えば，(21e) (Mary nursed her husband) について考

<hr>

[19] teacher のようにそもそも動詞からの派生名詞である場合は，当然さらにそれを動詞に転換することはない．
[20] 影山 (1999: 第 6 章) も転換動詞の意味が名詞のクオリア構造から導き出せることは述べているが，生産性の違いやクオリア構造内の情報と動詞の LCS の関係についての議論

えてみよう．名詞 nurse の目的役割をもとに動詞を形成するとまず，[[x] ACT ON-[y]] で表される活動動詞の LCS のスキーマが導かれ，そのどこかの位置に名詞概念 nurse が代入されることになる．ここで，仮に（38b）のように動作主としてもとの名詞が代入されたとしよう．すると，形成された動詞の主語に対応する変項は語彙的に充足され，統語的に実現される外項をもたない動詞が形成されてしまう．英語では LCS に動作主を含みながら，それを表さない動詞は成立しない．このことが（38b）による動詞形成が許されない原因だと考えられる．いっぽう，この ACT ON につく修飾要素として潜在的に役割や様態を表す要素が想定されていると考えれば，その部分に基体名詞が代入された（38a）の LCS にはそのような問題が生じないので，転換動詞は，この意味構造をもつものとして容認される．

　このように，一定の目的をもっている名詞概念の場合は，目的役割の利用によってたやすく動詞の LCS を形成することができるのに対して，powder のように，本来の意義が「粉末」といった外的属性を表す場合は，動詞概念を導き出すことが容易ではない．powder にはおそらく目的役割は指定されておらず，むしろ，(small grains_of (x, y))（何かの小さな粒であるという意味）のように記述される形式役割が卓越していると考えられる．[21] この情報は，状態を表すものであるため，これをもとに，その概念を結果状態に含む以下のような変化動詞の LCS が形成され結果状態の位置に powder が表す属性概念が代入されると考えられる．[22]

はしていない．

　[21] 由本（2011: 135），伊藤（2020: 29）では，powder は「何かを砕く」ことによって生じるものだという主体役割の情報をもとに転換動詞が作られると分析されているが，この情報からは x ACT-ON y で表される活動動詞の LCS しか導くことができず，動詞 powder が結果状態を含意することが必ずしも保証されない．cash や fool のように主体役割が想定できないものからも同タイプの転換動詞が作られることからも，本論で提案する分析のほうがより説明力があると考えられる．

　[22] ただし，名詞 powder には，「粉おしろい」の意味もあり，この解釈がとられた場合は目的役割（顔につけて化粧する）をもつため，そのほうが優先され異なるタイプの LCS をもつ動詞が形成されると考えられる．

(39)　[[[x] ACT ON-[y]] CAUSE [BECOME [[y] BE IN-[_Property_ **NOUN**]]]

　　　　　　　　　　　　　　　　　　　　　　　　　↑

　　　　　　　　　　　　　　POWDER

　このタイプの転換動詞は，道具や容器，人の役割を表す名詞からの転換動詞に比べると生産性が低い．図1に従うと，(33b)(33d)における名詞が代入される位置と，(39)のPOWDERが代入されている位置は同じ「前置詞補語」だと言えるので，影山の分析では，両者の間に生産性の違いがあることが説明できない．しかし，名詞のクオリア構造をもとに転換動詞のLCSを導き出すプロセスを想定する分析によれば，上に述べたように，クオリア構造に記載されている事象構造をそのまま利用できるものとそうでないものの違いとして説明することができる．ただし，powderの形式役割から(39)のような使役変化動詞のLCSがいかに導かれるかについては，クオリア構造を用いた分析でも明確にすることはできない．本論では，とりあえず，bottleのような，対象の位置変化を表す(33b)のような非常に生産性が高いタイプからの類推で，(39)の状態変化を表すLCSが，転換動詞を作るスキーマの1つとして英語話者に認識され，利用されていると考えておく．[23]　(32)に挙げたcashについても，同じ分析が適用できる．

　同様に生産性が低いが，ある程度の数，例が存在するものとして，基体名詞が目的語に当たる意味を表すと思われるskin（皮をむく）のような剥奪動詞と（他の例としては(41b)を参照），calve[24]（牛・鹿などが子を産む），whelp（犬の子 → 獣が子を産む）のような出産を表す動詞（他の例としては(42b)を参照）がある．まず，これらのLCSについて影山(1997)は，(40)の下線部

---

[23] 影山(1999: 89)では，book, shelveなど位置変化動詞のLCSについては，putのような普通の動詞で位置変化を表すもののLCSスキーマを利用して作られていると述べているが，これ以外のタイプについてこの考え方を適用してはいない．本論では，むしろこれらの名詞については，クオリア構造内で位置変化動詞のLCSで表される目的役割が想定できるので，その情報が転換動詞のLCSとしてそのまま利用されると考えている．一定のスキーマが利用されるのは，基体名詞の情報からすぐには動詞概念が導けない場合だと考えられる．

[24] calveは名詞calf（子牛，象・クジラ・アザラシなどの子）からの転換であるが，転換によって語末子音の有声化が起こっている例である．

のような外部表示を手がかりとして，それぞれ（41a）（42a）を想定している．

(40)　a.　Bill **skin**ned the smooth yellow skin of the banana.
　　　b.　They all come on shore in December, to **whelp** their young.

（影山 (1997: 34)）

(41)　a.　[[x] CAUSE [BECOME [[**SKIN**-of-[y]] BE [NOT AT-ON-[y]]]]]
　　　b.　skin the banana, shell the peanuts（落花生のさやをとる），bone the fish（魚の骨をとる），string beans（インゲン豆の筋をとる）
(42)　a.　[[x] CAUSE [BECOME [**WHELP** BE [NOT AT-IN-[x]]]]]
　　　b.　calve, whelp, lamb（[羊が] 子を産む），kitten（[猫が] 子を産む），pup（[犬が] 子を産む），fawn（[鹿が] 子を産む）

　まず，剥奪動詞のほうだが，普通は skin the banana（＝remove the skin from the banana）のように起点を目的語にするのだが，影山（1997: 34–36）によれば，(40a) のように外部表示によるテストをしてみると，基体名詞は転換動詞が目的語にとるものと分離不可能な［部分‐全体］の関係にあることがわかるという．このことを根拠に，影山は (41) のように **SKIN** と目的語 y（上の例では banana にあたる）との間の分離不可能所有の関係を保証する LCS を仮定している．一方，出産動詞の場合は，原則自動詞用法しかないのだが，少し古めかしい表現では (40b) のように目的語をとることができる．この場合 their young はもとの名詞と同じ生まれてくる子だと解釈されるので，影山はこれを外部表示と見なす．そこで，影山はこのタイプの動詞については，もとの名詞は目的語に対応する位置に代入されているが，出産は親が自身の体外へ出すことであるから，主語と起点が同一物であることを示した，(42a) のような LCS が仮定できるとしている．(41a) (42a) では，図 1 で示された分析に反し，内項の位置にもとの名詞が代入されているのだが，影山（1997: 36–37）は，これらが例外的に許されるのは，(41a) (42a) では下線部の場所表現の項が内項または外項と同一対象を指すことが語彙的に指定されていることによると述べている．このことは，先に挙げた容認されない転換動詞 (34a)（(43a) として再掲）の LCS を想定して

比較してみるとより明確になる．(43b) の LCS は，事象構造としては (41a)(42a) とほぼ同じだが，AT-IN/ON の項は他の項との関係づけがない独立した項であるため，これを前置詞句として実現せねばならない．影山によればこのような LCS は転換動詞として一般に容認されない．

(43) a. *They **house**d on the hill. (= They built a house on the hill.)

b. *house (v): [[x] CAUSE [BECOME [**HOUSE** BE [AT-ON-[z]]]]]

　以上のような影山の説明はある程度説得力があると思われるが，これらの場合も，そもそもどのようにして，もとの名詞の意味からこれらの LCS が導かれるかについては明確な説明がされていない．本論が提案する，クオリア構造を用いた分析は，これらのタイプの分析にもある程度有効だと思われる．まず，剥奪動詞を作る skin, shell のような名詞は，クオリア構造の構成役割において，分離不可能な所有関係にある何かの一部であるという情報を含んでいる．しかし，その情報から直接，動詞の LCS を導き出すことはできない．ここでも生産性が高い転換動詞の (33) に示されるような LCS スキーマのどれかが利用されていると考えるのが妥当に思われる．特に，skin the banana のように項としてもとの名詞と ［部分-全体］ の関係にあると認識できる名詞 (banana) が共起している場合について考えてみると，結果状態として所有関係を含意する (33d) の LCS ((44a) に再掲) をもとにして，それに NOT を付加した，剥奪を意味する (44b) がこの種の転換動詞の形成に利用されているとするのがより自然な説明ではないだろうか．本論では，skin のような剥奪動詞は butter のように物材を何かにつける意味を表す動詞と反対の意味を表すものとみなし，skin タイプの転換動詞の LCS として (41a) ではなく (44b) を提案する．[25]

(44) a. [[[x] ACT ON-[y]] CAUSE [BECOME [[y] BE <u>WITH</u>-[α]]]]

(= (33d))

---

[25] 影山 (1997) が挙げている (40a) が外部表示であるとすれば，(44b) では説明できない．(40a) のようなデータの詳しい調査も含めて今後の課題としたい．

b.　[[[x] ACT ON-[y]] CAUSE [BECOME [[y] BE NOT-WITH-[α]]]]
　　　　　　　　　　　　　　　　　　　　　　　　↑
　　　　　　　　　　　　　　　　　　　　　　SKIN

　出産を表す動詞については，もとの名詞は動物の子を表す名詞なので，主体役割には，親から生まれたものであることが記載され，また，構成役割においても，親族関係の情報が記述されていると考えられる．特に，英語では動物の親と子に異なる名づけをしている場合が多いので，語彙情報としては，どういう名前で呼ばれる親の子であるのかが重要なはずである．このタイプの転換動詞の LCS は，主体役割が利用されていると考えれば，影山が提案する (45a)（(42a) の再掲）は容易に導かれるだろう．しかし，ここで，少し考えておくべき問題がある．それは，伊藤 (2020) が論じているように，人工物を表す名詞については，主体役割を利用した作成や発生を表す動詞が作られることがないという事実をふまえると，どのような場合に主体役割を利用した LCS が容認されるのかが明らかでないという問題が生じるのである．紙幅の制限により詳しく紹介できないが，伊藤は，転換動詞のクオリア構造を用いた分析を提案している．しかし，本論では，あえて，出産動詞の LCS を主体役割から導くのではなく，親子関係についての情報を含む構成役割をもとに考えてみる．注目したいのは，剥奪動詞の場合と同様，共起する名詞との関係が重要な役割を果たしているということである．まず，出産動詞の LCS は，bottle のように位置変化を表す (33b)（(45b) として再掲）の LCS を基盤として構築されたものだと考えることができる．すなわち，この場合も，剥奪動詞の場合と同様に，基体名詞が親を表す名詞 x の胎内にいたという関係性が NOT によって否定されている位置変化動詞の1種だと見なせるのである．ただし，bottle の場合とは異なり，この場合基体名詞が代入されるのは対象 y の位置である．この点において，基盤としたスキーマ (45b) から逸脱しているため，このタイプの転換動詞は生産性が低いという説明が考えられる．[26]

---

[26]　出産において親が胎児に何らかの働きかけをするとは考えにくい．この点でも，(45a) は (45b) のスキーマから逸脱している．

(45) a.　[[x] CAUSE [BECOME [**WHELP** BE [NOT AT-IN-[x]]]]]

b.　[[[x] ACT ON-[y]] CAUSE [BECOME [y] [BE IN-[$_{\text{Thing}}$ α]]]]

　もとの名詞のクオリア構造だけではなく，転換動詞と共起する名詞に関する百科事典的知識も利用すれば，大概の転換動詞については，その解釈がどのように決定されるかを説明することができる．例えば，(21g) にあげた to tree the avenue（通りに木を植える）についても，tree のクオリア構造だけでは転換動詞の意味を導くことが難しいが，目的語に現れている avenue についての百科事典的知識，すなわち市街地の通りには多くの場合街路樹が植えられている，といったことによって，転換動詞の LCS としてどのスキーマを利用すべきかが決定されるのである．ただし，このように共起する項に依存して意味が決定されるタイプの転換は，もとの名詞のクオリア構造内に動詞概念を作り得る情報が含まれている場合に比べて格段に生産性は低くなっている．

　この節では，転換動詞におけるもとの名詞が果たす役割によって生産性が違うという事実について，もとの名詞の目的役割から直接 LCS が導かれる場合，基体名詞の構成役割の情報をもとに，一定数のスキーマの中から適当なものを選んで利用すれば LCS が導かれるという場合，基体名詞のみならず，項として現れる名詞についてのクオリア情報も参照して，利用するスキーマを決定しなければ解釈が導けない場合，の順に低くなるという説明を示した．どのタイプの転換動詞がより作られやすいかということについては，影山（1997）が示した LCS 上の項の際立ちということよりも，名詞のクオリア構造における卓越性と，そこに記された情報がいかに動詞の LCS と直結しているか，という観点から説明されなければならないと考える．

　本論が示した分析は，名詞からの転換による動詞形成が名詞の意味の何に注目した，どのような動機付けでなされる語形成なのか，という観点からの機能的分析だと言える．しかし，先にも触れたように，(43) や (45) のように基体名詞が内項の位置に代入されていると考えられるタイプについて，名詞のタイプによって転換動詞の容認性に違いがあることは，伊藤（2020）が提案する動詞のクオリア構造を用いた分析のほうが有効かもしれない．い

ずれのアプローチが，転換動詞の容認性の違いと生産性の異なりの理由，さらには，転換動詞の統語的性質のすべてを体系的に説明できるのか，さらなる検討が必要である．今後の課題としたい．

4.　修飾関係解釈と「名詞＋名詞」型複合語

複合語の中でも［名詞＋名詞］型の複合名詞は多くの言語でもっとも生産性が高いものである．2 つの名詞の意味関係は非常に多岐にわたっているが，先行研究では，「fox hunting／キツネ狩り」のように主要部が動詞由来の派生語である「動詞由来複合語（verbal compound）」[27] と，「石橋，ケーキ皿，ライ麦パン」のように単純な名詞同士の複合である「語根複合語（root compound）」を区別し，前者では，主要部動詞の性質によって結合する要素も意味関係も制限されているのに対して，後者はいずれにおいても自由であるとされてきた．例えば，Allen（1978）は，truck-man という語根複合語の例をあげ，(46) に示すような様々な解釈の可能性があり，また，コンテクストによっては，「トラックのイラストがついた T シャツを着た人」さえも表し得ると述べている．

(46)　truck-man = man who drives / mends / sells / buys … trucks

そのうえで，Allen は語根複合語にも適用される「IS A 条件」というものを提案した．これは，原則として複合語全体は右側の名詞が表すものの下位カテゴリーを表す，という条件である．これは，後に統語的概念である「主要部」が語構造にも適用されることが提案され，「右側主要部の規則」（Williams (1981)）に包含されることになる．すなわち，英語や日本語では，原則として語内の 2 つの構成要素のうち右側の要素が複合語全体のカテゴリーを決定するという規則があるので，例えば，「蜂蜜」は「蜜」の 1 種であるのに対して，「蜜蜂」は「蜂」の 1 種であることが説明できる．生成文法的アプローチによる語形成論で語根複合語に関して提案されたのは，この「右

---

[27] あるいは，「総合的複合語（synthetic compound）」とも呼ばれる．

側主要部の規則」のみであり，初期理論では，多様な解釈を変形規則によっ
て導こうとする Lees（1960）などの提案もあったが，基本的には，現在に
至るまで，2つの語の関係は自由に解釈されると考えられてきた．Lieber
（2010）でも，(47)に引用するように，新たに作り出された複合語は，先述
の右側主要部の規則に従い，左側要素が右側要素を修飾する関係である限
り，解釈は自由であると述べられている．しかし，ここで，(47)の解説の
中の下線部で述べられているように，その解釈の中でより受け入れられやす
いものというのはある．2つの要素の意味関係に制約がないとはいえ，もっ
とも「ありそうな解釈」は母語話者間で共通であるという直感がありながら，
それを説明する理論がなかったのである．

(47)　With a new compound (one I've just made up) like *mud wheel*,
we are free to come up with any reasonable semantic relationship
between the two bases, as long as the first modifies the second in
some way: a wheel used in the mud, a wheel made out of mud, a
wheel covered in mud, and so on. Some interpretations are more
plausible than others, of course, but none of these is ruled out.

(Lieber (2010: 47)，下線部は筆者)

　この状況に風穴を開けたのが Johnston and Busa（1999）である．彼らは，
英語とイタリア語を対照させながら「名詞＋名詞」型の複合語の多様な解釈
のプロセスを生成語彙論のクオリア構造を用いて明示的に示してみせたので
ある．彼らによれば，主要部を修飾する非主要部の名詞は，主要部のクオリ
ア構造の中に含まれている項のどれかを特定する働きをしているものとして
解釈できる．例えば，bread knife, lemon juice, glass door における非主
要部はそれぞれ，以下のように目的役割，主体役割，構成役割に含まれてい
る項を特定するものとして解釈されるのである．[28]

---

[28] ここでは Johnston and Busa（1999）の分析を平易な形で表した影山（1999: 56）によ
る記述を採用している．

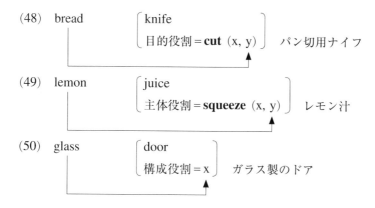

(48)　bread　　　⎡ knife　　　　　　　　⎤
　　　　└───　⎣ 目的役割 = **cut** (x, y) ⎦　パン切用ナイフ

(49)　lemon　　　⎡ juice　　　　　　　　　　⎤
　　　　└───　⎣ 主体役割 = **squeeze** (x, y) ⎦　レモン汁

(50)　glass　　　⎡ door　　　　　⎤
　　　　└───　⎣ 構成役割 = x ⎦　ガラス製のドア

　Johnston and Busa は言及していないが，このような形の意味合成は，主要部のクオリア構造に何らかの情報を加えてその意味をより特定化することによって，主要部が表す物体の下位カテゴリーを表す語を作りだすプロセスを表したものと言える．ただし，非主要部の意味情報は，単に主要部のクオリアの中に挿入されるだけとは限らない．Johnston and Busa では，hunting rifle のように非主要部が行為を表す名詞の場合，両者の間に「共合成（co-composition）」（1節の (6) を参照）が起こり複雑なクオリア構造が作られると考えられている．つまり，複合語 hunting rifle の目的役割は，hunting であるが，その hunting を成立させるのは，rifle の目的役割である「発砲 (fire)」という行為なので，rifle の目的役割が複合語 hunting rifle 全体の目的役割の中に主体役割として埋め込まれているとする分析である．その結果この複合語の "a rifle which is used in its typical capacity (i.e. firing) for the purpose of performing the activity of hunting（狩りをする目的で発砲する際に用いられるライフル）" という解釈が導かれる．

　Johnston and Busa (1999) も彼らの分析を日本語の複合名詞にも適用した影山 (1999) も，(48)–(50) のような場合について，非主要部のほうの名詞が複合語の解釈にどのように影響するかについて述べていないが，例えば，「ケーキ皿」と「紙皿」を比べてみれば，非主要部のクオリア構造も重要な役割を果たしていることは明らかである．すなわち，なぜ，同じ主要部「皿」に対して前者では目的役割に，後者では構成役割（材質）に非主要部が

138

挿入されるかと言えば，「ケーキ」は食物の一種であるのに対して「紙」は物体を作る材料であるという百科事典的知識があるからである．したがって，非主要部が主要部のクオリア構造のどの役割に情報を付加するものになるかは，非主要部名詞のクオリア構造からある程度予測できると考えられる．だからこそ，「名詞＋名詞」型複合名詞がこれほど多様な組み合わせを許しているにもかかわらず，個々の場合について話者の間で共通の解釈が得られているのである．

　このことは，非主要部名詞の意味について十分な情報がないと，複合語の解釈に支障をきたすことになるという事例を見ればより明らかになるだろう．例えば，「シチュー鍋」「石鍋」「とり鍋」については，たいていの日本人が，最初の2語では，「鍋」が調理道具の1種を表し，それぞれ目的と材質が特定されているものであり，いっぽう，「とり鍋」は料理を表す「鍋」の1種で「とり」はその主たる材料であるという違いを正しく理解する．しかし，「桜鍋」はどうだろうか．これは「とり鍋」と同様の意味関係で馬肉を材料とした鍋料理のことである．しかし「桜」が馬肉を表すものだという知識がない日本人も多く，その知識がない限り，たとえ「鍋」に上記の2つの意味があることを知っていても，正しい解釈を導くことは難しいだろう．

　また，主要部名詞が，どのような名詞と結合しやすいかについても，2つの要素のクオリア構造における意味合成を想定すればある程度予測ができる．由本（2011）でも指摘したように，主要部名詞が表す物体の下位カテゴリーにあたるものに名づけをする際に，どのクオリア構造の役割に特徴づけをするのが，その物体のカテゴリー化に有用かによって，結合する名詞のタイプに一定の偏りが生じる．例えば，「ハサミ（鋏）」のように道具を表すものを主要部とする複合名詞は，「金鋏，紙鋏，木鋏，花鋏」のように，目的役割 **cut** (x, y, with z)（＝x（人）が z（鋏自体）で y を切る）の中の変項 y を特定する名詞が結合しているものがほとんどである．「ハサミ」は，構成役割において，刃物になり得る金属が材質であることがすでに特定されていると考えられるため，ここに情報を付加する名詞と複合することは少ない．仮に先に挙げた例を始めて耳にした場合でも，「金，紙，木」が材料も表せる名詞であるにも関わらず，何を切るためのものかを特定していると解釈す

るのが普通であって，これらが材質として解釈される可能性は極めて低いのである．(48) で，knife が目的役割を特定する bread と複合した例があげられているが，「ハサミ」の場合と同様のことが言えるだろう．いっぽう，同じ道具の名前でも，「ジューサー」のように「果物・野菜をすりつぶし，しぼってジュースを作る」(『広辞苑第7版』) という目的がかなり限定されている名詞については，「小型ジューサー，ハンディジューサー」など，形式役割 (大きさ) を特定するような要素との複合語以外ほとんど見つからない．例外として「シトラスジューサー」があるが，これはすでに「果物・野菜」というように指定されている目的役割の情報の一部分がさらに特定されているものである．以上の考察から，道具を表す名詞を主要部とする場合には，主要部の目的役割に情報を付加するような名詞と複合する可能性が高いことが予測される．

　また，(49) の「lemon juice」「レモンジュース」のように，人工物でも，それがどのように作られたか，あるいは，何から作られたかについての情報，すなわち主体役割を特定する名詞と複合することで下位カテゴリーを表す複合名詞が作られている例は，「こぶだし，ライ麦パン，粟もち」など食品の名前に特に多く見られる．形式役割において「食物」というカテゴリーに属すとされている物体の目的役割は当然 x eat/drink y のように特定されており，動作主以外の変項を含まない (y はそのもの自体を表す) ので，道具名詞とは違い，目的役割にさらなる情報を与えるような要素との複合は難しいのだと考えられる．食品でも「せんべい」のように形状が特定されていない場合は「亀の子せんべい，瓦せんべい」のような形式役割が特定された複合語が作られる．しかし，多くは「えびせんべい，卵せんべい，みそせんべい，サラダせんべい，[29] 炭酸せんべい」[30] など，製法や材料を特定した複合語である．これらは，主体役割 (製法) または構成役割 (材料) に情報を付加する要素と複合した例である．その中で「鹿せんべい」は食物でも目的役

---

[29] せんべいを修飾する「サラダ」とは，サラダ油をからめて塩をまぶしたものであることを表している．(cf. 亀田製菓のホームページ)

[30] 「炭酸」は，炭酸水で材料を練って焼き上げたものであることを表している．(cf. 湯之花堂本舗のホームページ)

140

割が特定されている稀な例である．これは，奈良公園の鹿に観光客が与える
ために，売店で販売されているせんべい状の餌のことであるから，「鹿」は
目的役割内の eat の主語を特定していることになる．

　以上見てきたのは，主要部のクオリア構造の中の未指定の要素が非主要部
によって特定されているという関係の複合であるが，「高速道路」「夜汽車」
「珍客」（めったに来ない客）「家庭教師」「学校新聞」（学校で発行される新
聞）などの複合名詞では，非主要部は主要部のクオリア構造の中から修飾対
象としてタイプの合う意味特性を選び出して，その部分に情報を付加してい
る．このような修飾関係は，Pustejovsky (1995) では，形容詞による名詞
の修飾において指摘されており，「選択束縛 (selective binding)」と呼ばれ
ている．これは，例えば，typist のような人を表す名詞の修飾要素として，
(51b) の fast は一見タイプが合わないのだが，このような場合でも，名詞
のクオリア構造の情報の中から適切な解釈を導くプロセスのことである．

(51) a.　a male typist（male は形式役割の性別を明示する）
　　 b.　a fast typist（fast は目的役割の行為の速さを描写している）

(cf. 影山 (1999: 48))

詳しく説明すると，(51a) の male は生物の性別を表すので，人を表す typ-
ist とタイプが合っているが，(52b) の fast は出来事の速度を表すものであ
り，typist の修飾語として一見不適切なのだが，typist の目的役割に記載さ
れている type (e,x) という行為の部分を選択して fast と修飾関係を結び，
このミスマッチを解消するという解釈プロセスである．

　先に挙げた日本語の複合語の例にもこの分析が適用できる．「高速道路」
において，「道路」は動くわけがないので，「高速」は「道路」そのものでは
なく，「道路」の目的役割である「車が通行する」という行為を修飾しその速
度を表している．「学校新聞」については，「学校」は「新聞」の在処を表し
ているというよりも，「新聞」の主体役割を修飾し「学校で集めた情報を書
き，学校で発行される新聞」であることを表している．同様に，「夜汽車」
は，「汽車」の目的役割（夜間に人や荷物を運ぶ），「珍客」は「客」の主体役
割（まれに店に来る）を選択し修飾関係が解釈されていると考えられる．

　このように，「名詞＋名詞」型の複合語が形成される動機は，主要部名詞が表す物体の下位カテゴリーに名づけをすることにあるという観点から 2 つの名詞間の意味合成を考えると，主要部のクオリア構造の中で，未指定となっている部分に非主要部の名詞が情報を付加したり，修飾したりするプロセスとして捉えることができる．この節では，この分析を採用することで，従来考えられていたように，2 つの名詞の意味関係がまったく自由であり，予測不可能だ，という語根複合語の捉え方を見直すことができ，2 つの名詞のクオリア構造内の情報によって，どのような意味関係がもっともありそうな解釈か，また，ある名詞が主要部となった場合に，どのような概念を表す名詞と複合しやすくなっているかについて，ある程度予測できることを示した．本論で示した分析による予測が，実際日常使用され，また新たに作り出される複合名詞に合致しているのかどうかを確認するには，コーパスを用いた実例の調査，あるいは，実在しない語の組み合わせがどのように解釈されるかについての実験が必要であるが，これは今後の課題としておきたい．

5.　まとめ

　本論では，語彙意味論的アプローチが語形成論において非常に有効であることを示した．英語の派生動詞の形成に関わる制約，および，派生動詞と名詞転換動詞の意味記述には LCS を用いた動詞の意味記述が有効である．また，LCS を用いた記述によって，形成された動詞の統語的性質も正しく予測できることも示した．従来，コンテクストに依存する語用論の問題として精査されてこなかった，名詞転換動詞や「名詞＋名詞」型語根複合語については，名詞のクオリア構造を用いた分析によって，意味解釈のメカニズムが明確になるだけでなく，どのような名詞からのどのようなタイプの動詞が形成されやすいか，どのような名詞の組み合わせが複合されやすいか，といった生産性の違いについても説明を与えることができることを示した．また，場合によっては，項として共起する名詞のクオリア構造との連携により名詞転換動詞の解釈が導かれることがあることが生成語彙論の意味合成メカニズムに従って説明できることを示した．

　語形成や複雑語の意味解釈は，構成要素である，語と接辞の語彙的意味と統語的性質を用いて分析するしかないのだから，語形成論は語彙意味論がもっともその手腕を発揮できる場だと言える．日英語に限っても，規則性や一般化が十分に明らかにされていない様々な語形成に関わる言語事実はまだ多く残されている．これらの研究が語彙意味論の発展に貢献することにもなることは間違いない．今後この分野のさらなる発展を期待したい．

第 5 章

日本語の形態論と他部門のインターフェイス

西山國雄（茨城大学）

　形態論は多くの部門とのインターフェイスがあり，そもそも形態論はインターフェイスのみに存在するのか，あるいは独自の原理を持つかの論争がある（Aronoff (1994), Luís and Bermúdez-Otero (2016), 西山・長野 (2020) 参照）．本章ではこれには立ち入らないが，日本語における品詞の認定，形態素の認定，アクセント，連濁，（連濁以外の）複合，並列表現について，形態論と他の部門とのインターフェイスを見ていく．

1.　品詞の認定に見る形態論・統語論・意味論のインターフェイス

　ある語がどの品詞に属するかという問題は，言語分析の出発点とも言える基本的な事項だが，この品詞認定の基準としては，形態，統語，意味の 3 つがある．本節では形態論，統語論，意味論のインターフェイスの例として，多様な品詞認定の方法を見る．

1.1.　語彙範疇と機能範疇

　具体的な名詞や動詞の品詞の区別とは別に，あるいはそれより上位の区分として，語彙範疇と機能範疇の区別がある．語彙範疇は概ね名詞，動詞，形容詞から成り，機能範疇はそれ以外の助動詞，冠詞，時制などを含む．この

区別の基準には意味，統語，形態の３つがあり，以下でそれを見る．

　意味による語彙範疇と機能範疇の区別は，機能主義言語学で行われて，特に文法化において使われる．文法化には音韻弱化と意味の希薄化の２つの側面があるが，品詞の認定には後者が関わる．例えば英語の go は「行く」という意味があるが，be going to では未来を表す．ここでは「行く」という意味と比べて，「未来」では意味が希薄になったと考えられ，後者が後に出現したと仮定される．日本語でも，「来る」で文法化が見られ，「雨が降ってきた」では雨が移動したのでなく，降雨が始まったという始動の意味になっている．これらの場合では，語彙範疇としての動詞が，機能範疇としての助動詞に変化したとみなされる．

　形態論との関連では，複合動詞で文法化が起こっていると考えられる．例えば「降り始めた」で後項の「始めた」の部分は動詞か助動詞か．動詞という分析もあるが，Fukuda（2012）は助動詞と分析する（西山・長野（2020: 155f）も参照）．この助動詞分析は，カートグラフィーの始動相として位置づけられ，これは統語的基準である．さらに形態的証拠もある．

　(1) a.　雨が降り｛始めた／*始まった｝．

　　　b.　降雨が｛始まった／*始めた｝．

同じ意味でも単独の動詞では（1b）のように「始まる」を使うが，（1a）のように複合動詞になると他動詞の「始める」となる．本来「始める」は動作主を要求するが，（1a）の主語は動作主でなく，他動詞の性質がなくなっている．

　(1) は単独と複合動詞の後項とで形態的変化が起こっている例だが，２つが形態的に変わらずとも，複合動詞では動作主を要求するようになった例もある．

　(2) a. *台風が子供を連れ去った．

　　　b.　台風が去った．　　　　　　　　　　　　　　　（西山・小川（2013））

単独で使う「去る」は非生物主語を取れるが，「連れ去る」は生物主語を要求する．これは移動動詞が複合動詞では助動詞になった例だが，同じ移動動詞の「歩く」も，複合動詞で助動詞になったと思われる場合がある．「食べ歩

く」は 2 つの動詞が組み合わさったように見えるが,「日本中のラーメンを食べ歩く」は,車で移動しても言える.これは本来の「歩く」の意味の動詞が変化して,反復の相の助動詞になった例である.

1.2.　動詞と形容詞

　本節では語彙範疇の下位区分である動詞と形容詞の区別は,形態と統語によることを見る.その前に動詞と形容詞の区別には意味は使えないことを確認する.仮に動詞は動作,形容詞は状態を表すという区別を想定する.これは意味による区別だが,「いる（居る,要る）」や「わかる」などのような状態動詞もある.また「形容詞」の名は「形容」に由来するが,「形容」を「修飾」と同義と考えれば,動詞も「走っている人」のように修飾するので,これも区別には使えない.

　まず形態的基準からみていく.これは学校文法から馴染みがあるが,いわゆる活用の違いである.終止形（現在形）と過去形で,動詞は「食べる,食べた」と変化し,形容詞は「高い,高かった」のように変化する.語尾だけを見ても,活用が異なるのは一目瞭然である.では願望形はどうだろうか.「食べたい,食べたかった」のように,形容詞として変化する.「〜た（い）」自体は拘束形だが,英語では want が相当することから察せられるように,意味的には語彙範疇として差し支えない.ただ日本語では形容詞として屈折する点が異なる.そしてこの形態基準に照らせば,「きれい（だ）」のような形容動詞は,コピュラ（あるいは断定の助動詞）の「だ」を伴う点で,「本（だ）」と同じ名詞ということになる.

　拘束形が形態的に動詞や形容詞のように振る舞う例はほかにもあり,いくつかの問題を提起する.使役の「させ」,受け身の「られ」は「食べさせる,食べさせた」,「食べられる,食べられた」のように動詞として屈折する.加えてこの 2 つは,古語では下二段活用という,動詞特有の屈折を持っていた.では「させ」と「られ」は動詞かと問われれば,答えは研究者により異なるだろう.これらは主語の認可に関わっているが,統語理論ではこれはVoice に相当する.そして Voice は動詞句（VP）の外にあり,この点で機能範疇といえるが,項（主に動作主）を認可する点で,語彙範疇ともいえる.

実際，文法化において語彙範疇から機能範疇への変化は段階的なもので，中間的なものがあることも広く認識されている．そして理論言語学でも，亜語彙範疇（semi-lexical category）という用語が，Corver and Riemsdijk（2001）で用いられている．

　しかしながら，動詞のような活用をしてもはっきり助動詞と言えるものもある．例えば古語の「たり」は，現代語の過去の助動詞「た」の語源だが，過去あるいは完了の意味をもち，「た」と同様に助動詞となる．しかし活用としては，動詞の「あり」と同じ「ラ変」活用をする．つまり形態的には動詞だが，意味的には助動詞である．この場合，どちらを優先されるかが問題となる．1つの指針として，上位概念を優先させる，というやり方がある．つまり，動詞と形容詞は語彙範疇なので，語彙範疇と機能範疇の区別のほうが，動詞と形容詞の区別より上位概念となる．「たり」を過去あるいは完了の意味を根拠に，助動詞と判定したのは語彙範疇と機能範疇の区別の基準であり，一方「たり」を活用を根拠に，動詞と判定したのは動詞と形容詞の区別の基準である．上位概念を優先する原則により，最終的に「たり」は助動詞と判断される．

　ところで「たり」がラ変活用をするのは，語源的に「あり」を含むからである．つまり「たり」は「てあり」からできたということだが，この「あり」は現代は「ある」として，断定の「〜である」に出てくる．この「ある」が助動詞（機能範疇）であることは疑問の余地はないと思うが，これは意味的基準である．一方形態的活用を見れば，先に見た「たり」同様に，動詞である．そして助動詞の「ある」は形態的基準に加えて統語的基準によっても動詞であることを以下で見る．

　助動詞「ある」の統語的性質を見る前に，同様な機能がある英語の be について考える．英語の be は叙述（predication）の際に出るが，be 自体には意味はなく，時制を表す機能のみがあると言われることが多い．

(3) a. I consider John a genius.

b. John is a teacher.

c. John will *(be) a teacher.

(3a) は小節（small clause）だが，be がなくとも叙述は成立しており，be
と叙述は無関係だということを示している．（3b）では時制を表すため，be
が出る，と分析されることが多い．しかし（3c）では時制は will により表
現されているので，be は必要ないと予測されるが，be は必須である．この
ことから Déchaine (1993) は，T が統語的に動詞を要求していて，そのた
めに（3c）で be が出ると仮定する．be がなければ動詞がないからである．

　Nishiyama (1999) は日本語の「ある」も同じ機能を持つと分析する．

　(4) a.　太郎はかしこく，強かった
　　　 b.　[kasiko-k tuyo-k]-(ar)-ta

　(4a) の等位部分の形態分析を（4b）で示した．ここでは形容詞の等位構造
に「た」がついていて，意味的にはこれで完結しているはずである．しかし
時制の「た」が動詞を要求するため，-ar- が必要となる．これが形態的制約
か統語的制約かは判断が難しいが，少なくとも英語の（3c）から統語的制約
である可能性がある．先ほどの上位概念優先の原則から，「ある」が助動詞
であることは揺るぎないが，以上の観察から「ある」は機能範疇であっても，
形態的および統語的には動詞であると結論づけられる．

　「ある」との関連で，その反対の「ない」について次に考える．上では叙述
用法をもつ助動詞の「ある」を見たが，「ある」には存在を表す用法もあり，
これは意味から判断して語彙範疇の動詞と言える．同様に「ない」も，存在
を否定する語彙範疇と，否定の用法の機能範疇がある．ただ，活用として
は，「ない」は形容詞として振る舞う．では統語的基準としても，語彙範疇
の「ない」は形容詞だろうか．

　ある語が形容詞かどうかを統語的に判定するテストとして，「‥く思う」
がある．

　(5) a.　ジョンを賢く思う
　　　 b.　*ジョンを勝たなく思う　　　　　　　　　　　（Kishimoto (2018)）

(5a) で形容詞の「賢い」は文法的だが，（5b）では動詞の否定形の「勝たな
い」は非文法的である．このことから，動詞の否定形は，形態的には形容詞

として屈折するが，統語的には動詞であると判断できる．これを念頭において，以下を考える．

    (6) *かさをなく思う．   (西山 (2021))

(6) が非文法的なことから，「ない」が統語的には形容詞ではないと言える．一方意味的には，存在の意味は語彙範疇として十分と思われ，存在を否定する意味の「ない」も語彙範疇と考えられる．そしてこの意味的基準は，上位概念の語彙範疇の基準なので，これが優先され，(6) の統語的テストに関わらず，存在の否定の「ない」は語彙範疇，そして（形態的基準を基に）形容詞と結論づけられる．先に叙述の「ある」は機能範疇だが統語的に動詞だということを見たが，存在の否定の「ない」はその逆で，語彙範疇だが統語的には形容詞ではない，ということになる．この理由は，現代語では「ある」の形態的否定形である「*あらない」は許容されず，「ない」が補充的 (suppletive) 役割を持っているからだと思われる．「ある」は動詞なので，それを基底に含む「ない」も統語的に動詞として振る舞うのだろう．

  以上，本節では，語の品詞を認定する際に，意味的，統語的，形態的の 3 つの基準が密接に絡み合っていることを見た．

2. 形態素の認定に見る形態論・音韻論・統語論のインターフェイス

  前節で見た品詞の認定を言語分析の出発点とすれば，形態分析の出発点は形態素の認定であろう．形態素の概念を否定するアプローチ（西山・長野 (2020) 参照）を取るなら話は別だが，膠着言語である日本語で形態素を仮定する有用性は大きく，伝統的国語学から一般言語学まで，日本語の分析では形態素が用いられる．基本的な現在形（終止形）を考えてみよう．

    (7) a. 食べる   tabe-ru   （一段動詞）
       b. 書く   kak-u   （五段動詞）
       c. 高い   taka-i   （形容詞）

学校文法では終止形はそれ以上分割しないが，例えば「食べる」と「食べた」

を比較すれば，それが「食べ」という語根と「る / た」という接尾辞に分割
できるのは明らかであり，これが Bloch（1946）に始まる言語学分析である.
（7）では現在形の語尾として，[ru], [u], [i] の3種類があることを示してい
るが，まずこの3つを分析することで，形態素に認定における統語的，意
味的，音韻的側面を明らかにし，形態素認定が多部門のインターフェイスで
あることを示す.

2.1.　形態素の統語的，意味的，音韻的側面

　[ru], [u], [i] ではっきりしていることは，[ru], [u] は動詞につき，[i] は形
容詞につく，ということである. 前節で品詞の認定には意味的，統語的，形
態的の3つの基準があることを見たので，こうした品詞の選択がどの部門
の特徴を示すのかは簡単ではない. しかし動詞と形容詞では統語的差異があ
るのは確かなので，[ru], [u] と [i] の差は統語的な側面があると考えて差し
支えないだろう.

　加えて，形態素の認定には意味的側面がある. そもそも形態素の定義の中
に，決まった意味を持つことが含まれている. ただこれは「素性」のレベル
における同定であり，詳細な意味の記述ではない. 例えば [ru], [u], [i] には
「現在」という意味素性を付与するが，実際は終止形は現在という時制では
なく，未来や習慣を表すこともある. しかしこれは英語にも見られる，一般
的なことであり，詳細は意味論に委ねられる. さらに意味は文法化により変
化することもあり本来の意味とはずれてくることもある. 例えば古語では
様々な助動詞に終止形があったが，これらに共通する，固定した時制やアス
ペクトの意味は見出しにくい. これも文法化の産物であろう.

　次に音韻的側面に移る. [ɹu] と [u] の出現の予測は容易で，語根が母音で
終わる一段動詞は [ru]，語根が子音で終わる五段動詞は [u]，ということに
なる. そしてこれは日本語における適切な音節構造を作る要請による. 形態
素の概念を確立したアメリカ構造主義言語学では，表層だけを扱ったので，
[ru] と [u] は異形態として扱われるだけだが，生成音韻論では基底形と表層
形を区別する. そして [ru] と [u] の分析に関しては，基底形は /ru/ なのか
/u/ なのかという問題が生じる. どちらを仮定するかにより，音韻規則は異

150

なってくる.

(8) /ru/ が基底形の場合
 a. /tabe/-/ru/（そのまま）
 b. /kak/-/ru/ → kak-u（子音削除）
(9) /u/ が基底形の場合
 a. /kak/-/u/（そのまま）
 b. /tabe/-/u/ → tabe-ru（子音挿入）

(8) は /ru/ が基底形の場合で, 五段動詞の「書く」で子音削除が起こる. 一方 (9) は /u/ が基底形の場合で, 一段動詞の「食べる」で子音削除が起こる. McCawley（1968）以来, (8) の子音削除が標準的分析になっているが, その根拠は使役や受け身の接尾辞である.

(10) a. /tabe/-/sase/（そのまま）
 b. /kak/-/sase/ → kak-ase（子音削除）
(11) a. /tabe/-/rare/（そのまま）
 b. /kak/-/rare/ → kak-are（子音削除）

上では /sase/, /rare/ を基底形と仮定して, この形は一段動詞でそのまま現れ, 五段動詞では最初の子音が削除される. 反対にもし /ase/, /are/ を基底形と考えると /sase/, /rare/ はそれぞれ s, r の挿入が必要になるが, 1つの言語で挿入子音が複数あることは通常ない. よって /sase/, /rare/ が基底形で, /ase/, /are/ は最初の子音を削除して出来たと考えるのが標準的分析である. このように, 独立して子音削除が日本語で必要であれば, (8) の分析の証拠となる.

　しかしながら, 子音挿入の証拠もあり, それは古語の二段動詞の分析に基づく（西山（2012）参照）. 現代では「過ぎる」,「答える」というのが, 古語では「過ぐ」（上二段）,「答ふ」（下二段）という終止形を持っていた. これは sug-u, kotah-u と分析されるが, 語根の部分は /sug/, /kotah/ のように子音で終わるのではなく, /sugi/, /kotahe/ のように母音で終わる. この母音は未然形で出てくる（sugi-zu, kotahe-zu）.

　もし終止形の語尾が /ru/ なら，これが語幹についたら /sugi/-/ru/ となる．この段階で子音や母音の連続は起こっておらず，そのまま「過ぎる」と現代語同じ形になりそうだが，古語では「過ぐ」が正しい形だ．/sugi/-/ru/ からsug-u を得るには母音 (i) と子音 (r) の計 2 つを削除しなくてはならないが，通常このような音韻操作はない．この問題は終止形語尾の基底形を /u/ とすると解決する．

(12)　a.　/sugi/-/u/ → 母音削除 → sug-u（古語）

　　　 b.　/sugi/-/u/ → 子音挿入 → sugi-r-u（現代語）

つまり古語では語根の最後の母音が削除されるのに対し，現代語では r が挿入されている．この分析では /ru/ を基底形とする際に必要だった，2 つの音に言及する操作はない．終止形と同様に仮定形でも，「食べれば」は /tabe/-/e/-/ba/ から r 挿入により得られる．仮定形については次節で詳しく述べるが，以上のことから，動詞の終止形語尾の基底形は /u/ であると結論づけられる．子音削除の証拠とされる (10) と (11) を，子音削除を使わずに分析する方法については，西山 (2000) を参照されたい．

2.2.　形態素と機能範疇

　ここで再び統語的側面にもどる．先ほど [ru]/[u] と [i] の差は，動詞につくか，形容詞につくかによる，と述べ，これは統語論の問題だと分類した．ここでいう「統語論」とは，語のレベルを超えた文のレベルにおける原理に関わる，という意味で，具体的な統語理論には中立である．例えばどの統語理論でも，VP と AP の区別はするであろう．しかし「統語論」にはもう 1 つの意味があり，それは具体的な統語理論である．特に機能範疇を統語構造で認めるかどうかで，形態素の統語的意味は大いに異なる．以下の 2 つの統語構造を比較してみよう．

(13)

(14)

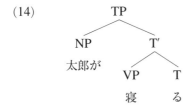

(13) は機能範疇のない構造だが，(14) は T（時制）という機能範疇を仮定する．前者では「寝る」は１つの動詞として VP の中にあり，たとえ ne-ru と形態的に分割しても，統語構造にはこれは反映されない．一方後者では，終止形語尾である ru は，時制の機能範疇に相当する．

(13) と (14) の選択は，理論的および経験的問題で，本稿では立ち入らないが，ここでは後者の立場を取った場合，他の活用形の分析でどんな課題が生じるかを見る．具体的には，細かい形態分析をした際，それぞれの形態素がどの統語範疇に属するか，という問題である．連用形と連体形は分析が複雑になるので本節では省略するが（西山 (2012)，Nishiyama (2016)，西山・長野 (2020) 参照），連用形については３節で少し触れる．以下では仮定形と未然形を統語構造における機能範疇の観点から考察する．

Bloch (1946) は仮定形を含む条件形「行けば」を ik-eba と分析するが，西山 (2012) は ik-e-ba と分析する．つまり /e/ を１つの形態素と認定するのである．英語で条件を表現すると，If John goes, となりはっきり節が表れる．日本語の条件節は「行くと」，「行くなら」，「行ったら」，「行けば」の４種類があり，最初の２つは終止形の「行く」を含み，「行ったら」はその過去形の「行った」を含むので，統語構造で T を含んだ「節」と考えられる．これから類推すれば，「行けば」も節であると考えるのは自然であろう．

以下の例からも，条件形が節であることが支持される．

(15) 来年の春入試に受かれば，４年後には働ける．

時制要素が時の副詞を認可すると仮定すれば，(15)の副詞は時制要素を含む条件形が認可していることになる．

　具体的には「太郎が行けば」は以下の構造が与えられる．

(16)
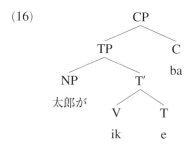

ここで ba は，他の節とつなぐ役割を担う complementizer (C) だが，(16) で重要なのは，e は (14) で見た「寝る」の「る」に相当し，節 (TP) の主要部を成すということである．

　未然形に移る．これは使役の「行かせる」や否定の「行かない」で出るが，意味的には雑多なものである．「私が太郎を行かせた」は「確定」した事実を言っているのであり，「未然」ではない．こう考えると，ika- の a には未然の意味はない．Bloch は ik-ase と分析するが，それをあえて ik-a-se に修正する理由はない．否定形にはもちろん未然の意味があり，ik-a-na-i とすることも不可能ではないが，「ない」が未然の意味を含むと考えれば，余剰的に a に未然の意味を持たせる根拠は希薄であろう．

　しかしながら，古語では a が未然の意味を持っていたと考えられる．古語には2種類の条件があり，未然形の「行かば」は仮定条件で「もし行けば」の意味なのに対し，已然形の「行けば」は確定条件で「行ったので」の意味になる．この差は realis/irrealis に相当し，母音の a, e がこれを担う．(16) のような構造で，T の部分にこの a, e が置かれる構造が考えられる．

3.　アクセントに見る音韻論・形態論・統語論のインターフェイス

　語におけるアクセントは，それ自体は音韻論の問題だが，品詞によりアク

154

セントが変わることがある．1節で見たように品詞の認定には意味的，統語的，形態的の3つの基準があり，品詞とアクセントに関係があるなら，アクセントにもインターフェイスの側面がある．また述語に接尾辞がついてより複雑になると，アクセントが変わるが，これも音韻論・形態論・統語論のインターフェイスと言える．本節ではこの2つを扱う．

3.1. 名詞と動詞のアクセント

　日本語（本節で扱うのは標準の東京方言）の名詞のアクセントは幾つものパターンがあり，3拍の語を例にとると，以下の4つがある．

(17) a.　さかな　　（無アクセント）
　　　b.　おとこ’　（最後の拍にアクセント）
　　　c.　おむ’つ　（最後から2番目の拍にアクセント）
　　　d.　い’のち　（最後から3番目の拍にアクセント）

日本語でアクセントは下降のピッチで具現され，本章では「’」で表す．「おむ’つ」は「む」から「つ」にかけて下がることを意味する．最後の拍にアクセントがある「おとこ’」は，単独では下降がわからないが，助詞をつけて「おとこ’は」とすると，下降がわかる．無アクセントは，「さなかは」としても下がる箇所がない．

　(17) のパターンは各単語により指定されていると言われることが多い．しかし全く規則はないのだろうか．ここで外来語のアクセントを考えてみる．

(18)　ヨーロ’ッパ，サンドイ’ッチ，クリス’マス

一律に最後から3番目の拍にアクセントがある．では漢語ではどうか．漢語は「学校」など無アクセントのものが多いが，長さが3拍で，アクセントをもつものに限定すると，ほとんどがやはり最後から3番目の拍にアクセントがある．

(19)　午前（ご’ぜん），果実（か’じつ），珍味（ち’んみ）

これらの事実を基に，Kubozono (2008) は，日本語の名詞では，最後から3番目の拍にアクセントがあるのが基本的な規則で，それ以外のアクセントは各単語により指定されているとする．この仮説によれば，(17) では (a)-(c) のアクセントは各単語の指定によるが，(d) のアクセントは規則による．実際，Kubozono (2008: 170) によれば，外来語や漢語ほど圧倒的ではないが，和語でも，長さが3拍でアクセントをもつ語の中で，6割が最後から3番目の拍にアクセントがある．

　以上，日本語の名詞では最後から3番目の拍にアクセントをつけるという規則を見たが，動詞ではどうだろうか．以下の2つのパターンに分かれる．

(20) a.　無アクセント
　　　　かう（買う），にる，あける，さがす，あびせる
　　 b.　最後から2番目の拍にアクセント
　　　　み'る，およ'ぐ，はし'る，たべ'る，たずね'る

では動詞は，アクセントがある場合は，最後から2番目の拍に来る，と考えていいだろうか．その前に，(20b) とその過去形の対応を考える必要がある．

(21)　み'た，およ'いだ，はし'った，た'べた，たず'ねた

最初の3つは，現在形（終止形）と同じ文字の位置にアクセントがあるが，「た'べた，たず'ねた」に関しては，アクセントの位置が1つ前にずれている．

　ここで「たべ'る」と「た'べた」に限定して，どちらが基本か考えてみる．現在形のほうが辞書に載っているものだから，こちらが基本である，という考えもあるだろうが，経験的な証拠があった方が望ましい．現在形と過去形の差は，接尾辞の「る」と「た」の差から来るので，動詞のアクセントの本質を探るためには，接尾辞のない形を見ることが必要になる．そしてこの理想の形は，以下の連用中止法で出てくる．

156

(22) a.　こはんをた’べ，お茶をのむ

　　 b.　わからない箇所をたず’ね，教えてもらう

(22) では「た’べ」，「たず’ね」は接尾辞のつかない語根であるが，最後から
2 番目の拍にアクセントが来ている．このことから，やはり動詞のアクセン
トは，最後から 2 番目の拍に来ると考えてよいだろう．

　このように考えると，過去形のアクセントは基本パターンから逸脱してい
ることになる．この逸脱をどう捉えるかだが，接尾辞の「た」はアクセント
付与に関して見えない（extrametrical）であると仮定される（詳細は Nishiya-
ma (2010) 参照）．この仮説の下では，「およ’いだ，はし’った」は「た」のな
い「およ’い，はし’っ」の中で，アクセントが最後から 2 番目の拍に来ると
分析される．「み’た」に関しては，「た」を除くと 1 拍になり，「最後から 2
番目」ということがそもそも不可能になるので，あたかも「た」が見えたま
ま，最後から 2 番目の拍にアクセントが来る．

　まとめると，日本語では名詞では最後から 3 番目の拍にアクセントがあ
るのが基本なのに対し，動詞では最後から 2 番目の拍にアクセントがある
のが基本である．この差は，以下の連用形のアクセントの差にも出てくる．

(23) a.　昨日は騒ぎ（さわ’ぎ），今日は静かにする

　　 b.　家族から離れ（はな’れ），一人で暮らす

　　 c.　罪を裁き（さば’き），判決を下す

(24) a.　この騒ぎ（さ’わぎ）は何だ

　　 b.　空いた土地に離れ（は’なれ）を建てる

　　 c.　この裁き（さ’ばき）は受け入れられない

　連用形は連用中止では動詞だが，名詞として使われることもあり，(23)
の動詞は最後から 2 番目の拍にアクセント，(24) の名詞は最後から 3 番目
の拍にアクセントがある．[1]

---

[1] このアクセンの位置の差を，名詞と動詞の形態構造の違いから導く試みととしては，
Nishiyama (2010) 参照．

3.2.　願望「たい」のアクセント変異：「たくない」と「たくなる」の差

　前節で日本語の名詞と動詞のアクセントを見たが，本節はその応用として，接尾辞と複雑述語のアクセントを見る．そして願望「たい」のアクセント変異に関して，「たくない」と「たくなる」の差について，分析を試みる．

　名詞と動詞に接続する拘束形（助詞あるいは接尾辞[2]）は，そのアクセントのパターンで「無アクセント」，「相手尊重型」，「乗っ取り型」の 3 つのタイプに分類される．

(25)　無アクセントの拘束形
    a.　さかなが　　b.　い’のちが
    c.　あそびたい　d.　たべた’い

(25a, b) は名詞，(25c, d) は動詞につく拘束形だが，それぞれ無アクセントの「さかな」とアクセントを持つ「い’のち」，無アクセントの「あそぶ」とアクセントを持つ「たべ’る」を使っている．「が」のような格助詞は無アクセントで，それ自体はアクセントを持たない．したがって，名詞についても名詞本来のアクセントには影響を与えず，名詞単独の時と同じアクセントを示す ((25a, b))．動詞につく接尾辞では，「たい」が無アクセントである．これが無アクセントの「あそぶ」につくと，「あそびたい」と無アクセントのままである．一方アクセントを持つ「たべ’る」につくと，「たべた’い」となる．ここでは「たい」にアクセントがついているように見えるが，このアクセントは「たべ’る」のアクセントが移動しただけである．前節で動詞は最後から 2 番目の拍にアクセントが来ることを見たが，「たべたい」全体でこの拍を探すと，たまたま「た’い」にアクセントが来る，ということである．この点で，アクセントの移動がない名詞の (25a, b) とは異なるので注意されたい．

　アクセントを持つ動詞に，無アクセントの接尾辞が複数つくと，長さに関係なく，最後から 2 番目の拍にアクセントが来る．

---

[2]　助詞は英語では particle と訳され，性質上 clitic（接語）に通じるものがある．これらと接尾辞（suffix）の違いについては，Nishiyama (2016)，西山・長野 (2020) を参照．

158

(26) a.　たべさせ'る

　　 b.　たべさせられ'る

　　 c.　たべさせられた'い　　　　　　　　　　　　　（Vance (2008: 169)）

使役の「させ（る）」，受け身の「られ（る）」も，願望の「たい」と同様に無アクセントだが，「たべ'る」にこの順序でつくと，その度にアクセントの位置が移動し，毎回忠実に「最後から 2 番目の拍にアクセント」という決まりを守っている．

　拘束形のアクセント型の 2 つ目は「相手尊重型」で，以下で示される．

(27)　相手尊重型アクセントの拘束形

　　 a.　さかなま'で　　　 b.　い'のちまで

　　 c.　あそんだ'ら　　　 d.　た'べたら

名詞につくものとして「まで」，動詞につくものとして「たら」で例示したが，これらは固有にアクセントを持ち，無アクセントの「さかな」や「あそぶ」につくと，「さかなま'で」，「あそんだ'ら」のようにアクセントを示す．一方アクセントを持つ語につくと，「い'のちまで」，「た'べたら」のように，相手のアクセントを尊重し，自らはアクセントは持たない．なお (27d) では「たら」全体が最後から 2 番目の拍を探す際に見えなくなっていて，その結果「た'べ（たら）」というアクセントになっている．

　最後のタイプの「乗っ取り型」で，以下で示される．

(28)　乗っ取り型アクセントの拘束形

　　 a.　さかなぐ'らい　　　 b.　いのちぐ'らい

　　 c.　あそびま'す　　　 d.　たべま'す

名詞につくものとして「ぐらい」，動詞につくものとして「ます」で例示したが，これらは固有にアクセントを持ち，無アクセントの名詞や動詞につく際に，アクセントを示す点は，先に見た相手尊重型と変わらない．(28a, c) と (27a, c) を比較されたい．違いが出るのはアクセントを持つ語についた時で，このタイプは相手のアクセントを尊重せず，乗っ取ってしまう．「い

のちぐ゚らい」と「たべま゚す」では，元々の名詞や動詞のアクセントが消え，後続の「ぐ゚らい」と「ま゚す」が残っている．

　以上の 3 つのタイプの拘束形アクセントを基に，以下では那須（2017）が報告する「たい」のアクセントの変異について考察する.[3]（25）で見たように，「たい」は本来は無アクセントで，無アクセントの動詞につくと「遊びたい」のように無アクセントになる．しかし那須によれば「遊びだ゚い」と言う話者が増えてきている．こうした話者は，アクセントを持つ動詞については，（25d）と同じく「たべだ゚い」と言う．これは（28）の「ま゚す」と同じパターンであり，「たい」が無アクセントから乗っ取り型アクセントに変わってきていることを示す．

　ここで興味深いことに，「たい」を乗っ取り型アクセントとして使用する話者を含む調査対象者の中でも，さらに接尾辞を加えた語のアクセントを比較すると，「遊びだ゚くない」と「遊びだ゚くなる」では，前者よりも後者を容認する人は少ない.[4] これの分析を以下でしてみよう．

　（26）で見た通り，アクセントをもつ述語に無アクセントの接尾辞が複数つくと，長さに関係なく，最後から 2 番目の拍にアクセントが来る．これを派生的に考えれば，新しい接尾辞が加わる度に，アクセント規則が最後から 2 番目の拍を探す（計算する）ということになる．そしてこれは語彙音韻論（Lexical Phonology）の慣習を使えば，サイクルが変わる度に，古いサイクルのまとまりを示す括弧が消える（bracket erasure）ことを意味する．目下の問題は，無アクセントの述語とアクセントを持つ接尾辞の結合だが，要はどちらか一方がアクセントをもてばよい訳で，事情は（26）と同じである．以下でまず「遊びたくなる」のアクセントができる過程を，括弧を用いて示す．

---

　[3]　以下の内容は那須昭夫氏との談話に負うところが大きい.
　[4]　具体的な生起率では，「遊びだ゚くない」のパターンが 78.6%，「遊びだ゚くなる」のパターンが 35.1% である.

(29)　遊びたい

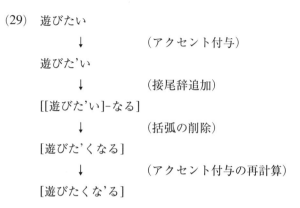

最初のアクセント付与により出来た「遊びた’い」に接尾辞がつき，「[遊び
た’い]-なる」となる。[5] ここで新しいサイクルになるので，古いサイクルの
括弧は削除され，「遊びた’くなる」となる。ここにアクセント付与の再計算
が適用され，最後から2番目の拍にアクセントが移り，「遊びたくな’る」と
なる。「遊びた’くない」と比べて「遊びた’くなる」が少ないということは，
上の派生で最後まで進んで，[遊びたくな’る] と発音する話者が多いという
ことである。

　これに対し，「遊びた’くない」という話者が多いということは，「括弧の
削除」が行われず，[[遊びた’い] ない]] のように古い括弧が残っていること
を意味する。以下の派生が考えられる。

(30)　遊びたい

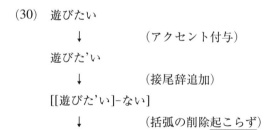

---

[5] 厳密には，「たい」の語根は「た」だけで，形容詞として /k/ が基底にあり，これは [i]
の前では消えるが [u] の前では残る。説明の便宜上，ここでは [[遊びた’い]-なる] → [遊び
た’くなる] と，あたかも「い」が「く」に変わったような表記を用いる。

[[遊びた'く]–ない]
　　↓　　　　　（アクセント付与の再計算なし）
[[遊びた'く] ない]

（29）と（30）の差で重要なのは，「[遊びた'い]–ない」で括弧の削除が起こらないことである．このため古いサイクルのアクセントが残り，「[遊びた'く] ない」となる．つまり，「たくなる」と「たくない」の差は，前者で古いサイクルの括弧がなくなるのに対し，後者は括弧が残るということである．これを理論的にどう捉えるか．

　ここで，「遊びたくない」は「遊びたい」の否定形であり，述語の品詞としては変わらない（形容詞のまま）なのに対し，「遊びたくなる」では新しい動詞が出来ていることに注目したい．Embick (2010) によれば，新しい品詞（category）ができると，フェイズが変わり，音韻規則が新しく適用される．これは語彙音韻論の括弧削除と同じことを言っていて，上の分析は，語におけるフェイズ理論の帰結と考えることができる．「遊びたくなる」ではフェイズが変わり，アクセント付与がし直されるのに対し，「遊びたくない」では品詞は変わらず，古い括弧が残る．つまり新しいフェイズはなく，アクセントも元のままである．

　なお「遊びた'くなる」のパターンは少ないというだけで，一定数いるが，これは上の分析では，「たくなる」では括弧が消えやすく，「たくない」では残りやすい，ということになる．つまり，どちらにおいても括弧を残す話者は，「たくなる」でも（30）のような派生を取り，「遊びた'くなる」と発音する．これは理論的に言えば，フェイズは話者により異なることもある，ということだが，この意味合いについては，今後の研究のテーマとなるだろう．

4.　連濁に見る形態論・音韻論・意味論・統語論のインターフェイス

　箱（はこ）が複合語ではゴミ箱，筆箱のように「ばこ」と発音されることを連濁と言うが，本節ではこれを扱う．連濁は言語学の中でも有名で，日本語は知らなくとも rendaku を知っている言語学者は多い．研究も多く，最

162

近のものでは Vance and Irwine (2016) があり，これは連濁の研究の包括的なリストを含む．通常，連濁は音韻論の問題とされ（Tsujimura (2013) など），連濁を研究しているのは音韻論の専門家が多い．しかし連濁は複合語で起こるものであり，複合語が形態論研究の中心的課題の１つであれば，連濁は形態論と音韻論のインターフェイスとなる．さらに連濁には意味的，統語的側面もあり，まさに形態論と他部門のインターフェイスの王道と言える．

4.1.　連濁を阻止する３つの要因

平仮名（連濁あり）と片仮名（連濁なし）の比較からわかるように，連濁がいつ起こるかは予測できない．しかし連濁が一律（systematic）に起こらない環境がいくつかあり，本節では，ライマンの法則，等位複合，動詞＋動詞複合の３つを見る（Kubozono (2005) も参照）．

ライマンの法則は以下で示される．

(31)　値引き（連濁あり）　　値下げ（連濁なし）
　　　女心（連濁あり）　　　女言葉（連濁なし）

連濁の起こらない「値下げ」と「女言葉」に共通するものは何だろう．「さげ」，「ことば」のように２番目の語に，最初から濁点がある．これは「ライマンの法則」として，以下のように定式化される．

(32)　複合語で２番目の語に既に濁点があると，連濁は起きない．

連濁とライマンの法則の理論的意義は，３つの語が合わさった複合語を分析する際に顕著になる．例えば「木柱時計」は何と読み，どんな意味だろうか．より詳しく問えば，発音は「きはしらどけい」と「きばしらどけい」のどっちか．そして木でできているのは，柱か，それとも時計か．

まず意味から考えよう．「木柱時計」で「木」は何かを修飾しているが，「木でできた柱」と「木でできた時計」の２つの可能性がある．そしてこの意味の違いは，３つの中でどの２つが先に結びつくかの違いによる，と仮定しよう．２つの可能性がある．

(33) a. 　き　はしら　　とけい　　　　b.　き　　はしら　とけい

(33a) では木は柱を修飾しているのに対し，(33b) では木は柱時計を修飾している．つまり前者では柱が木でできているのに対し，後者では柱時計が木でできていて，柱の材質は不明である．

　以上は意味と形態の関係だが，形態構造が意味を反映すると考えている．次に音の問題，つまり連濁を考えよう．(33a) では　き　はしら　が連濁を起こし，「きばしら」となる．これに　とけい　がつき，また連濁が起きて「きばしらどけい」となる．一方 (33b) では，まず　はしら　とけい　が合わさり，「はしらどけい」と連濁を起こす．これに　き　がつく訳だが，ここでライマンの法則が出てくる．　き　と　はしらどけい　を合わせる際，二番目の語は既に濁点を含む．したがってライマンの法則により，連濁は起こらず，「きはしらどけい」となる．

　まとめると，(33) の 2 つの形態構造は，意味の違いと音の違いを導き，この 2 つのレベルの違いに対応関係がある．最初の問いの答えとしては，「きはしらどけい」では時計が木でできていて，「きばしらどけい」では柱が木でできている．そして同様な例に「塗り箸箱」がある．「ぬりはしばこ」と言えば漆を塗った箱があって，これは箸を入れるためのもの，という意味である．一方「ぬりばしばこ」といえば，漆を塗った箸があって，これを入れるための箱，という意味である．

　以上 3 語から成る複合語の振る舞いを見たが，これはライマンの法則が，日本語話者の言語知識の一部であることを示す（川原・竹村 (2015) も参照）．1 つの見方として，ライマンの法則は言語学者が考え出したものであり，一般話者は (31) のような単語を 1 つ 1 つ記憶しているだけだ，という可能性もある．この仮説によれば，ライマンの法則はあるにしても，(31) のような単語が成立した瞬間に働くものであり，通時的な側面しか持たない．しかし 3 語から成る複合語の振る舞いはこれが間違いであることを示す．「木柱時計」や「塗り箸箱」は，ほとんどの話者は聞いたことがないが，上で見た意味と連濁の関係を問われると，正しく答えられる．これはライマンの法則が，無意識ではあるが日本語話者の知識の一部であることを示す．そしてこ

164

れは，人間が種として持つ，普遍文法の例証と言える（Ito and Mester (1986) 参照）．

連濁が一律に起こらないもう1つの環境として，以下のような等位複合がある．

(34)　親子，草木

これらは親と子，草と木，という等位の意味があり，これまで見た前の語が後の語を修飾する関係とは異なる．こうした修飾複合では，連濁が起こる．

(35)　連れ子，添え木[6]

修飾複合と等位複合の違いは，まず意味の差と捉えられる．しかしそれと音の差（有声か無声か）である連濁の有無を直接結びつけることは，言語理論のモデルとしては無理がある．先の3語から成る複合語で見た通り，意味の差はまず形態構造に反映され，形態構造の差が，連濁の有無に影響を与える，と考えるのが望ましい．本節では修飾複合と等位複合の形態構造の違いまでは立ち入らないが（Ito and Mester (2008: 83ff) 参照），形態構造を介在させる仮説が正しければ，これらは意味論と音韻論の橋渡しとして形態論がある，ということの例証となる．

これまで連濁を阻止する例として，ライマンの法則と等位複合を見た．もう1つの例として，動詞＋動詞複合語がある．

(36)　押し倒す，切り離す

これらは「*おしだおす，*きりばなす」とはならない．ここではライマンの法則も等位も関係なく，唯一の理由は複合語全体が動詞ということである．1節で品詞認定の基準としては，形態，統語，意味の3つがあることを見たが，連濁が品詞によっても左右されるということは，ここでも音韻論，形態論，統語論，意味論が絡んだインターフェイスがあることになる．

---

[6] ただし出し子，枯れ木では連濁は起こらず，連濁の不規則性を示す．ここの要点は，等位複合では連濁が一律に起こらない，ということである．

　連濁が起こっている動詞＋動詞複合語もいくつかあるが，これらは名詞で使われることもある（伊藤・杉岡（2002: 140），Vance（2005: 101））．

（37）a.　着ぶくれる（動詞）　　　b.　着替える（動詞）

（38）a.　着ぶくれ（名詞）　　　　b.　着替え（名詞）

伊藤・杉岡（2002: 140）は（37）のような動詞は（38）の名詞から「逆形成」によりできたとする．これが正しいなら，（37）は動詞＋動詞複合語は連濁を起こさないということの例外とはならない．また Vance（2005: 101）は，1867 年のヘボンの辞書では（37b）は連濁のない「きかえる」なのに対し，（38b）は連濁のある「きがえ」であることを指摘するが，これも，「逆形成」の仮説を支持する．「きがえる」が後になって成立したことを示すからである．

　ではなぜ動詞＋動詞複合語は連濁を起こさないのか．Vance（2005: 91）は語源的な説明を提供する．連濁の語源として，属格の「の」という説がある．つまり「筆の箱」で「の」が濁点となり，後の語について「ふでばこ」になった，ということだが，これが，名詞＋名詞複合語で連濁がある理由となる．属格は名詞と名詞をつなぐものだからである．一方動詞＋動詞の間に属格が入る理由はなく，よって動詞＋動詞複合語では連濁が起きない，という説明である．

　この通時的説明は正しいと思われる反面，上の 3 つの語の複合語で見た通り，連濁には共時的側面もある．つまり話者は 1 つ 1 つの複合語をそのまま記憶しているだけでなく，連濁に関する規則を何らかの形で持っている．これは解明する価値がある．さらに，この属格に基づいた説明は，形容詞＋形容詞複合語には適用できない．

（39）　薄暗い，青白い

ここでは連濁が起こるが，動詞＋動詞の場合と同様に，間に属格が入る理由はない．

　動詞＋動詞複合語で連濁が起きない共時的理由として，以下ではアクセントと形態構造という，2 つの可能性を指摘する．

　前節で見たように，動詞は単独では無アクセントかアクセントを持つかの2種類に分かれる．また名詞＋名詞複合語は，独自のやや複雑な体系がある（Kubozono（2008）参照）．これに対し，動詞＋動詞複合語のアクセントは単純で，常にアクセントがあるタイプだけである．つまり，単独では無アクセントの動詞も，動詞＋動詞複合語の2番目の語になるとアクセントを持つ．

（40）　開ける，続ける（無アクセント）

（41）　押し開ける，遊び続ける（アクセントあり）

ここで一部の固有名詞で，連濁とアクセントの相補分布が見られることを想起する．

（42）a.　小豆島（アクセントあり，連濁なし）

　　　b.　桜島（アクセントなし，連濁あり）

（43）a.　藤田（アクセントあり，連濁なし）

　　　b.　吉田（アクセントなし，連濁あり）

（Tanaka（2005），Zamma（2005），Yamagiuchi（2011: 127））

上は島の名前と苗字だが，アクセントがあると，連濁がなくなることを示す．もしここに見られる連濁とアクセントの相補分布が，動詞＋動詞複合語でも働いているとすれば，連濁がないことが説明できる．動詞＋動詞複合語は常にアクセントを持つからである．[7] そしてこの方向が正しいとすれば，次の課題はなぜ動詞＋動詞複合語は常にアクセントがあるか，ということに移る．

　以上はアクセントに基づいた連濁の説明の可能性だが，別の可能性として，形態構造がある．動詞＋動詞複合語の特徴の根源は動詞という範疇にあ

---

　[7] 形容詞のアクセントについては，動詞と比べて個人差が多く，はっきりしたことは言えない．（39）の形容詞＋形容詞複合語の連濁の例から，連濁とアクセントの相補分布の仮説は，複合形容詞は無アクセントのものもある，と予測する．特に2番目の語が単独では無アクセントの形容詞から成る複合形容詞は無アクセントになるはずである．筆者には「暗い，厚い，広い」は無アクセントで，「薄暗い，手厚い，手広く」も無アクセントで，予測通りだが，「つらい」（無アクセント）と「食べづらい」（アクセントあり）は予測と異なる．各話者でこうした単独形容詞と複合形容詞のアクセントの相関を調査する必要がある．

るとすれば，そもそも品詞はどうやって決まるか，という問題に置き換えられる．品詞認定の基準としては，形態，統語，意味の3つがあるが，先に3つの語から成る複合語の連濁の説明で，形態構造を用いた．目下の問題でも形態構造が鍵となるとすれば，動詞＋動詞複合語の（他の複合語とは異なる）精密な形態構造が解明されれば，連濁がないことが説明できるかもしれない．動詞＋動詞複合語については，影山（1993），Nishiyama（2008），西山・小川（2013），影山（2014），Kageyama（2016a）参照．

4.2.　連濁と統語構造

　動詞＋動詞複合語の構造には本節では立ち入らないが，関連して本節では動詞由来の複合名詞の連濁について考える．これには以下で示すような，興味深い事実がある．

(44)　目的語の複合語／付加詞の複合語
　　　汗拭き，窓拭き（ふき）／から拭き，モップ拭き（ぶき）
　　　布団干し，物干し（ほし）／陰干し（ぼし）
　　　手紙書き，小説書き（かき）／手書き，走り書き（がき）
　　　パン切り，腹切り，缶切り（きり）／厚切り，四つ切り（ぎり）
　　　虫取り，点取り（とり）／横取り，生け捕り（どり）
　　　牛飼い，羊飼い（かい）／放し飼い（がい）
　　　ズボン吊り，首吊り（つり）／逆さ吊り，宙吊り（づり）
　　　ハエ叩き，肩叩き（たたき）／袋叩き（だたき）

（伊藤・杉岡（2002: 127））

上の語は右の要素に動詞の語根を用いた複合名詞であるが，左の要素の統語的性質により，連濁に違いがある．例えば「窓拭き」において「窓」は「拭く」の目的語だが，連濁は起こらない．一方「から拭き」では「から」は目的語でなく，様態を表す付加詞であり，連濁が起こる．[8] 目的語と付加詞の区別は意味の問題とする立場もあるかもしれないが，先にも述べたように意

---

[8]　例外については，Yamaguchi and Tanaka（2013）を参照．

168

味と音を直接結びつけるのは望ましくない．より正確には，目的語と付加詞の区別は第一義的には統語構造で反映されるものなので，(44) の事実は形態論（複合）を介した，音韻論（連濁）と統語論（項認可）のインターフェイスを示すことになる．

(44) の対比について，以下で1つの分析を示す．(45a, b) はそれぞれ (46a, b) の構造をもつ．

(45) a. 　　　　b.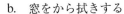

(46) a.

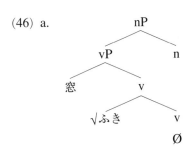

b.

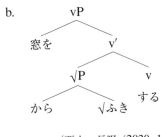

(西山・長野 (2020: 135))

これは形態構造でなく，統語構造であることを強調しておく．つまり，目的語や付加詞の出現は，語の外の領域に関わることであり，これは主要部（形態構造）を超えたレベルになる．(46) では複合のプロセスは統語構造において，編入 (incorporation) あるいは併合 (merger) として起こる．

(46) では2つの仮説を採用している．1つ目として，語根は範疇を持たず，vやnにより動詞や名詞になる (Marantz (1997), Embick (2010))．2つ目として，目的語はvの指定部で認可されるとも仮定する (Basilico (2008) など)．この帰結として，目的語の複合語の (46a) では複合の前に「ふき」は動詞になる．目的語を認可する必要があるからである．一方付加詞の複合語の (46b) では，語根は範疇を持たないまま複合する．動詞化するとすれば，それは複合の後に，軽動詞「する」によってである．そしてこの，複合語の外にある「する」が，目的語を認可する．

(46) の構造を用いると，(44) の連濁の対比は以下のように説明される．つまり，目的語の複合語の (46a) では複合語の中で「ふき」は動詞になるの

で，動詞は連濁を起こさない，という特徴により，連濁がない．一方付加詞
の複合語の (46b) では，語根は複合語の中では範疇を持たず，(46a) でか
かる制約は受けないので，連濁が起こる．

　なお，この説明では動詞は連濁を起こさないという性質を「利用」してい
るだけで，「説明」はしていない．なぜ動詞＋動詞複合語が連濁を起こさな
いかについては，先にアクセントと形態構造の2つを用いる可能性を示し
たが，詳細は今後の課題である．

5.　複合に見る形態論・統語論・意味論・音韻論のインターフェイス

　前節で見た連濁は複合語で起こるものだが，連濁以外でも複合では様々な
インターフェイスの例が見られる．本節はその例として句複合，複合形容
詞，複合動詞の促音化を扱う．

5.1.　句複合

　最初は句複合だが，この用語はあまり聞いたことがないかもしれない．こ
れは句を含んだ複合のことである．通例，複合は語を合わせたものであり，
語より大きい単位である句は含まないが，一定の条件の下で以下のように句
を含むことがある．

(47) a.　父の墓参り　　　　　　　　　　　　　(cf. Kageyama (2009: 521))

　　 b.　朝顔の種まき　　　　　　　　　　　　　　　(影山 (1993: 334))

ここで「父の墓」と「朝顔の種」は句だが，「墓参り」と「種まき」の部分は
複合語である．このことだけでも，句複合は形態論と統語論のインターフェ
イスと言えるが，ほかにも意味論と音韻論が絡んだ，多部門のインターフェ
イスであることを以下で見ていく．

　上で「朝顔の種」は句だが，「種まき」は語と言ったが，その根拠はアクセ
ントである．3節で日本語でアクセントは下降のピッチであることを確認し
たが，アクセントは1つの語に，最大1つである．「朝顔」も「種」もアク
セントを持つが，これが「の」でつながるとそれぞれのアクセントは維持さ

れ，「あさ’がおのた’ね」となる．2つのアクセントをもつことが，「朝顔の種」は語でなく句であることの証左となる．一方「種まき」は「たね’まき」と1つのアクセントしか持たず，語の特徴を示す（複合語全般のアクセントについては，Kubozono (2008) 参照）．また「朝顔の種」は「まく」という動詞の目的語であり，項の認可に関わるので，統語的側面もある．ここで重要なのは「種」は句の一部としても，語の一部としても機能していて，これは編入という移動があることで説明ができる（Sugioka (2002: 496)，西山 (2015)，Nisihyama (2017))．つまり，最初は「朝顔の種」の一部だった「種」が移動し，「まき」と複合して1つの語となった．

この移動では，「朝顔の」という修飾の部分が取り残されるので，これを修飾語残留と呼ぼう．これが起こるにはいくつかの意味的条件がある．以下を参照されたい．

(48) a. 馬乗り
     b. *大きな馬乗り　　　　　　　　　(Shibatani and Kageyama (1988: 471))
     c. *父の馬乗り（父が所有している馬に乗るという意味で）

ここでは修飾語残留ができないが，(47) の「父の墓参り」とどこが違うのだろうか．影山 (1993: 334) は，修飾語残留は「相対概念を表す名詞」(relational noun) で可能になると述べている．つまり「墓」は項として所有者を要求するということである．つまり，馬乗りの際にその馬が誰の馬かは重要ではないが，誰の墓に行くのかということは重要である．

相対概念を持つ名詞でなくとも，修飾語残留が起こることがある．

(49) きれいな町づくり　　　　　　　　　(Kageyama (2009: 518))

ここでは修飾語に意味的制約があるように思われる．「きれいな」の代わりに「住み良い」とか「持続可能な」は使えるが，「巨大な」は容認度が落ちる．つまりこれは特定の，積極的な（エコな）意味をもつ修飾語に限って残留ができるのである．

このことは Bresnan and Mchombo (1995: 193f.) が指摘している [American history] teacher と *[recent history] teacher の差を想起させる．

Carstairs-McCarthy（2002: 81f）も同様な [open door] policy と *[wooden door] policy の例を挙げ，常套句（cliché）が関わっていると指摘している．

　ある表現がどのように常套句になるかというのは純粋に語用論の問題であり，本節で扱わないが，上記の例に関して Bresnan and Mchombo は，句のように見えるのは語彙化されていると言う．しかしこの「語彙化」は即興で出来る「文脈による新語」も取り込むので，かなり柔軟なプロセスと言える．

　以上，形態論と統語論のインターフェイスである句複合において，意味的制約が働いていることを見た．

5.2.　複合形容詞

　次に複合形容詞に移る．名詞＋形容詞の例として以下のようなものがある．

(50) a.　欲深い，口うるさい，幅広い，末恐ろしい
　　　b.　経験豊富な，口達者な，色鮮やかな，意気盛んな

（由本（2009））

(50a) は形容詞，(50b) 形容動詞だが，生産性は高い．また以下で示すように，名詞の部分が修飾されたり，等位構造になったりして，句複合となることもある．

(51) a.　メディア業界での経験豊富なアレックス・ゲイル氏
　　　　　　（https://iphone-mania.jp/news-202396/）02/17/2018
　　　b.　海外自由旅行知識と経験豊富なスタッフ
　　　　　　（http://www.jtb.co.jp/region/kansai/promotion/kaigai_
　　　　　　pieces/plan_support.asp）02/17/2018

ここでは「メディア業界での経験」や「海外自由旅行知識と経験」は句であり，統語論で形成される．句を含むということは，この種の複合形容詞も統語的に形成されることを示す．この具体的プロセスについては本節では立ち入らないが（西山・長野（2020），西山（2019）参照），以下では複合形容詞の意

172

味的，音韻的側面を見る．

　まず意味的制約として，以下を考える．

　(52) a.　健は欲が深い

　　　 b.　健は欲深い

　(53) a.　健は親が若い

　　　 b.　*健は親若い

この対比から，由本（2009: 219f）は，複合形容詞の中の名詞と形容詞には，
「健」と「欲」のような全体-部分の関係が必要だと指摘する．性質は異なる
が，複合に関する意味的制約としては，先の動詞の句複合における関係名詞
と常套句という制約が想起される．

　次に複合形容詞の音韻的特徴だが，アクセントについて，2つのパターン
がある．概して右の語が形容詞の時は語としてのアクセントを持つのに対
し，右の語が形容動詞の時は2語の句としてのアクセントを持つ傾向があ
る．

　(54) a.　欲深い　　　　（よくぶか’い）

　　　 b.　経験豊富な　　（けいけん＿ほうふな）

　　　 c.　表情細やかな　（ひょうじょ’う＿こま’やかな）

(54a) は右が形容詞だが，複合語全体で1つのアクセントをもつ．また連濁
があることからも，名詞と形容詞の結びつきが強いことがわかる．(54b) は
右が形容動詞で，語の間にポーズが入れることができる（これを＿で表す）．
「経験」も「豊富」も無アクセントなので2つの語が別々のアクセント領域
になっていることはわかりにくいが，「豊富」の最初はピッチが上がること
が可能なので，「経験豊富な」全体では句のアクセントを持つ．(54c) では
2語ともアクセントを持つので，2語が別々のアクセント領域になっている
ことがわかる．また (54c) では連濁が起こっておらず，2語の結びつきが
(54a) と比べて弱いことがわかる．

　このアクセントの差は何に基づくか．形容動詞は漢語が多いが，これが理
由ではない．(54c) の「細やかな」は和語だが，(54b) と同じパターンを示

す．それでは，形容詞と形容動詞という品詞の差によるのかといえば，必ず
しもそうでない．

(55) a.　口達者な　　　　　（くちだ'っしゃな）
　　　b.　筋骨たくましい　（き'んこつたくまし'い）

(55a) は右要素が形容動詞だが，1つの語としてアクセントを持ち，かつ連
濁も起こっている．(55b) では右要素が形容詞なのに，2語が独立したアク
セントを持ち，連濁も起こらない．これには拍の数が関係していると思われ
る．(55a) では左要素が2拍で，独立したアクセントを持ちにくく，また
(55b) では右要素が5拍で独立したアクセントを持ちやすいことによると
思われる．これを基に考察すると，(54) のアクセントの差は，左右の語の
長さ，あるいは左右の語の相対的な長さの違いに起因すると思われる．
　複合語におけるアクセントの差で想起されるのは，以下との関連である．

(56) a.　ドイツ＋文学協会 → ド'イツ＿＿ぶ'んがくきょうかい
　　　b.　ドイツ文学＋協会 → ドイツぶんがくき'ょうかい

（窪薗（1995），Kubozono（2005））

(56a) はドイツにある文学協会のことで，2つののアクセントを持つ．一方
(56b) はドイツ文学の研究者が集まった協会のことで，1語としてのアクセ
ントを持つ．
　(56) で重要なのは，形態構造が右別れか左分かれか，ということである．
これは形態的特徴で，上で見た，拍の数に基づく複合形容詞のアクセントの
特徴と異なるように見える．拍の数は音韻的特徴だからである．しかし共通
の基盤を見出すことは可能である．窪薗（1995: 107）は (56a) のような右
分かれ構造は (56b) のような左分かれ構造より解釈の処理が難しく (Hawkins
(1990), Sugioka (2008) も参照)，これを補うため，右分かれ構造では各語の
アクセントを保持し，構成素をはっきりさせると指摘する．同様に (54) と
(55) でも，左の語が短いと解釈の処理が容易で，右の語が長いと解釈の処
理が難しくなり，アクセントに差が出るのかもしれない．詳細は今後の課題
であるが，この推論が正しければ，右別れか左分かれかの違い（形態的特徴）

と語の拍数（音韻的特徴）が同じ効果を持つということで，形態論と音韻論のインターフェイスの例になる．

5.3.　複合動詞の促音化

　複合語のインターフェイスで次に見るのは，動詞＋動詞複合語における促音化である．動詞＋動詞複合語の大部分は，「押し倒す」，「切り離す」のように左の語は連用形だが，「乗っ取る」，「引っ越す」のように促音化を起こすものもある．これらの例は促音化のみ現れるが，促音化が随意的なものもある．

(57)　a.　取り払う，とっぱらう
　　　b.　突き返す，つっかえす

促音化が起こると口語的になり，ニュアンスは変わるが，これは音と意味のインターフェイスと言える．以下で注目したいのは，促音化が起きない理由として，音韻的要因と統語的要因がある，ということである．

　音韻的要因として，Poser（1984: 91）は促音化は左の語が五段動詞である場合に限定され，以下のように左の語が一段動詞だと起きないと指摘する．

(58)　a.　降り立つ，＊おったつ
　　　b.　開け放す，＊あっぱなす

そもそも促音化は非生産的で，予測はできず，（58）だけなら偶然かもしれない．しかし Poser の要点は，左の語が一段動詞だと促音化は決して起こらないということで，これは偶然以上の，何らかの理由がある．そしてこれは，五段動詞と一段動詞の語根の音韻的な差による．五段動詞の語根は子音で終わるのに対し，一段動詞の語根は母音で終わる．したがって基底形では，以下のような差が出る．

(59)　a.　tor-hara(u), tuk-kaes(u)　（左が五段動詞）
　　　b.　ori-tat(u), ake-hanas(u)　（左が一段動詞）

(59a) では基底形で rh, kk という子音の連続があるが，(59b) では音の連続がない．促音とは同じ子音の連続なので，促音化には基底形で子音の連続が必要だと仮定すれば，五段動詞と一段動詞の促音化の差は，音韻的に説明される．

　もう 1 つ，促音化を阻止する要因として，統語的要因がある．影山 (1993) 以来，「走り始める」のようなアスペクトや「飲み忘れる」のような心理動詞を含む複合語を，統語的複合動詞と呼ぶが，伊藤・杉岡 (2002: 137) は，統語的複合動詞には促音化は見られないと指摘する．例えば「おっぱじめる」は「押す」と「始める」から来ているが，これは「始める」の口語的な意味しかなく，「押すことを始める」という，統語的複合動詞としての意味は持たない．

　統語的複合動詞以外の，「押し倒す」のようなものを語彙的複合動詞と呼ぶ．この 2 種類の複合動詞の構造には諸説あり，本節では立ち入らないが，合意があるのは 2 つの構造は違う，ということである．そして統語的複合動詞が文字通り統語論で形成されるなら，促音化が起きない理由は統語的理由による．そしてこれは統語論と音韻論のインターフェイスの例となる．1 つの分析として，Nishiyama (2016) は，同じ連用形でも，「押し倒す」の「押し」と「押し始める」の「押し」は違うとする．語彙的複合動詞の前者は /os-taos/ という基底形をもち，[i] は挿入母音だが，統語的複合動詞の後者は基底形から /os-i-hazime/ と [i] がある．この分析では，元からある統語的複合動詞の [i] は，英語の begin to ～ の to に相当する，時制を持たない動詞を表すものである．基底形において子音連続がないので，統語的複合動詞では促音化が起きない．

6.　並列表現に見る形態論・統語論・意味論・音韻論のインターフェイス

　本節は主に連用中止による並列表現が，形態論・統語論・意味論・音韻論のインターフェイスの例示となることを見る．連用中止とは (60) のような例だが，その分析として (61)–(63) の 3 つの可能性がある．

(60)　太郎が歌い，踊った.

(61)　[$_{VP}$ V …　　　V]　接尾辞　　（VP 接辞）

(62)　[V1-接尾辞] … [V2-接尾辞]　（削除）

(63)　[V1-t$_i$] … [V2-t$_i$]　接尾辞$_i$　（右枝節点繰り上げ）

(60) で特徴的なのは，過去の「た」の接尾辞は「踊る」にしかついていないのに，解釈としては「歌う」も過去だ，ということである．(61)–(63) はそれぞれの方法で，この解釈と表層の語の配列を捉えようとしている．(60)の並列表現は語を超えた統語レベルで起こっているが，関係するのは形態概念の接尾辞である．そして解釈も関わっているので，この種の並列表現は，形態論・統語論・意味論のインターフェイスと言える．（加えて音韻論も関わることを後で見る．）

　(61) では接尾辞は最初は 2 つの動詞を含む VP の外にあり，結合 (merger) により末尾にある動詞につく．この構造は Yoon (1994)，Kornfilt (1996)，Takano (2004)，Kageyama (2016b: 512) などで提案されていて，接尾辞が 2 つの動詞を含む句全体にかかっているので，正しい解釈が得られる．それに対し，(62) と (63) は共に，基底で両方の動詞に接辞をつけることで正しい解釈を得ている．違いとしては，(62) は V1 の接辞を削除するが，(63) は Right Node Raising (RNR，右枝節点繰り上げ) により 2 つの接尾辞を同時に移動する．前者は Booij (1985)，後者は Kornfilt (2012)，Yoda (2015) で提案されている．

　3 つの分析の中でどれが正しいだろうか．結論を先に言うと，どれも何らかの問題があり，1 つにはしぼり切れない（西山・長野 (2020)）．まず以下を参照されたい．

(64) a.　花子が正夫にうちを掃除するか，部屋代を払わ<u>せ</u>ることにした

　　 b.　花子が正夫にうちを掃除<u>させ</u>るか，部屋代を払わ<u>せ</u>ることにした

(Kuroda (2003: 455f))

(64) は使役の接尾辞「(さ) せ」が 2 つの動詞を含む句全体につくか，それぞれの動詞につくか，の違いで作成した例である．また並列として，選言の

「か」を用いている．ここで重要なのは，この表層の差がそのまま解釈の差になることである．これは使役と選言のスコープの問題で，（64a）は使役のスコープが広く，掃除するか，部屋代を払うかの選択権は正夫にある．（64b）では選言のスコープが広く，選択したのは花子であり，正夫には選択の余地がない．（64a）は Kuroda が使役形を統語論で派生する分析の決定的証拠として挙げたものだが，（64）の意味の違いは（62）の削除分析では説明できない．通常削除とは音韻部門で行われ，意味解釈には影響を与えないと考えられているからである．

　一般に語の一部だけを削除することの問題点は，以下の英語の拘束語根の複合名詞の並列でも見られる．

(65)　a.　John and Mary are socio and psycholinguists.

　　　b.　John and Mary are sociolinguists and psycholinguists.

（Arstern（2005: 360）改変）

（65）で，ジョンが社会言語学者でメリーが心理言語学者の場合，（65a）は真だが（65b）は偽である．これらの例も，削除分析では説明できない．

　（62）の削除分析に対し，（63）の RNR 分析は，統語的移動を含むので，上のような解釈の差に基づく問題はクリアできるかもしれない．しかし（65）で関係してくるのは名詞である．動詞が移動するという分析はよくあるが，（65）で linguists が移動を起こしているという分析は考えにくい．

　一方，（62）あるいは（63）のほうがうまく説明できる例もある．

(66)　太郎が歌い，踊らなかった

判断は分かれるが（66）は「太郎が歌わず，踊らなかった」の解釈を許すと仮定すると，この解釈は（62）あるいは（63）の分析では説明できるが，（61）の VP 接辞分析では，説明できない．（61）の分析を否定辞に適用すれば，論理式では $\neg[\text{sing}(t) \wedge \text{dance}(t)]$ となる．これは $[\neg\text{sing}(t) \vee \neg\text{dance}(t)]$ と等価なので，歌か踊りのどちらかが否定されるという解釈であり，「太郎が歌わず，踊らなかった」とは異なる．

　以上，並列表現に関し，VP 接辞分析，削除分析，RNR 分析を比較検討

178

し，どの分析にも何らかの問題があることを見た．その反面，すべての分析
に問題となる例はなく，3つの分析はそれぞれ得意とする例と不得意な例が
ある，ということになる．つまりどの分析も必要ということだが，似たよう
な状況は，（文レベルでの）RNRで見られる．Chaves (2014) は一般に
RNR と呼ばれているものは，雑多な構造や派生が含まれていると主張する．
(61) と (63) は形態統語分析，(62) は音韻分析と考えられ，その評価には
意味解釈が重要だということを見た．これらのことは，並列表現という1
つの構文のように見える現象は，形態論，統語論，意味論，音韻論が絡む，
多部門のインターフェイスの例となる．

　最後に接辞の削除で音韻が関係する例を見る．Booij (1985) はオランダ
語とドイツ語の派生や複合で (62) のような等位構造削除分析を提案してい
る．また Okada (1999) は英語の派生接辞の並列可能性の分析をしている．
(Arstein (2005) も参照)．この2つに共通するのは，韻律（prosody）の重要
性であるが，以下で，日本語の名詞述語の並列で，「で」の省略可能性に韻
律が関わっていることを示す例を提示する．

(67) a.　太郎は夫 *（で），上司だ

　　 b.　太郎はよき夫 *（で），好かれる上司だ

　　 c.　太郎は家ではよき夫（で），会社では好かれる上司だ

　　 d.　太郎は学生（で），次郎は医者だ

（西山・長野 (2020)）

(67a) では名詞が単独で述語となっていて，(67b) ではそれに修飾語がつい
ている．いずれの場合も最初の述語の「で」は省略できない．しかし (67c)
のようにさらに付加部がつくと省略が可能になる．(67d) は別々の主語があ
るが，ここでも省略が可能である．

　これらの事実は，最初の等位部（conjunct）が2つ（以上）の統語句から
構成される時に，「で」は省略できると仮定することで説明できる．最初の
等位部は，(67a) では [夫]，(67b) では [よき夫] で，長さに関係なく1つ
の統語句である．一方 (67c) では [家では] [よき夫] と2つある．(67d) で
は，主語が等位部に入り，[太郎は] [学生] と統語句が2つある．このよう

に統語句が 2 つの場合に省略が可能である．

　これを理論的に分析しよう．統語句が韻律階層（Selkirk（1986），Nespor and Vogel（2007）など）における韻律語に相当すると仮定すると，「で」の省略には 2 つ以上の韻律語が必要だということになる．そしてこれは韻律語の枝分かれ要求（branching requirement）（Inkelas and Zec（1995: 544））の一例とみなすことができる．

7.　まとめ

　以上，本章では日本語における品詞の認定，形態素の認定，アクセント，連濁，（連濁以外の）複合，並列表現について，形態論と他の部門とのインターフェイスを見た．形態論の研究は，形態論の問題だけに限定して行うことのほうがまれであり，他部門とのインターフェイスが主な研究対象になることが多い．複眼的視野が必要であると言えるだろう．

参 考 文 献

Allen, Margaret (1978) *Morphological Investigations*, Doctoral dissertation, University of Connecticut.

Aronoff, Mark (1976) *Word Formation in Generative Grammar*, MIT Press, Cambridge, MA.

Aronoff, Mark (1994) *Morphology by Itself: Stems and Inflectional Classes*, MIT Press, Cambridge, MA.

Artstein, Ron (2005) "Coordination of Parts of Words," *Lingua* 115, 359-393.

Basilico, David (2008) "Particle Verbs and Benefactive Double Objects in English: High and Low Attachment," *Natural Language and Linguistic Theory* 26, 731-773.

Bauer, Laurie (1978) *The Grammar of Nominal Compounding, with Special Reference to Danish, English and French*, Odense University Press, Odense.

Bauer, Winifred (1993) *Maori*, Routledge, London.

Beard, Robert (1995) *Lexeme-Morpheme Base Morphology: A General Theory of Inflection and Word Formation*, State University of New York, Albany

Beurden, Lisan van (1988) "Bantu Heads on the Lefthand Side," *Formal Parameters of Generative Grammar IV*, ed. by Ger de Haan and Wim Zonneveld, 1-13, Utrecht University, Utrecht.

Bisetto, Antonietta (2010) "Recursiveness and Italian compounds," *SKASE Journal of Theoretical Linguistics* 7, 14-35.

Bloch, Bernard (1946) "Studies in Colloquial Japanese I: Inflection," *Journal of the American Oriental Society* 66, 97-109. [Reprinted in Miller, Roy Andrew, ed. (1969), *Bernard Bloch on Japanese*, Yale University Press, New Haven.]

Bloomfield, Leonard (1933) *Language*, Holt Rinehart &Winston, New York.

Booij, Geert (1985) "Conjunction Reduction in Complex Words: A Case for Prosodic Phonology," *Advances in Non-linear Phonology*, ed. by Harry van der Hulst, and Norval Smith, 143-160, Foris, Dordrecht.

Booij, Geert E. (2012) *The Grammar of Words,* 3rd ed., Oxford University Press, Oxford.

Booij, Geert E. and Jerzy Rubach (1984) "Morphological and Prosodic Domains in Lexical Phonology," *Phonology Yearbook* 1, 1-27.

Borowsky, Toni (1986) *Topics in English and Lexical Phonology*, Doctoral dissertation, University of Massachusetts.

Bresnan, Joan and Sam A. Mchombo (1995) "The Lexical Integrity Principle: Evidence from Bantu," *Natural Language and Linguistic Theory* 13, 181–254.

Bruzio, Liugi (1994) *Principles of English Stress*, Cambridge University Press, Cambridge.

Bush, Nathan (2001) "Frequency Effects and Word-Boundary Palatalization in English," *Frequency and the Emergence of Linguistic Structure*, ed. by Joan Bybee and Paul Hopper, 255–280, John Benjamins, Amsterdam.

Carstairs-McCarthy, Andrew (2002) *An Introduction to English Morphology*, Edinburgh University Press, Edinburgh.

Chaves, Rui P. (2014) "On the Disunity of Right-node Raising Phenomena: Extraposition, Ellipsis, and Deletion," *Language* 90, 834–886.

Chomsky, Noam and Morris Halle (1968) *The Sound Pattern of English*, Harper & Row, New York.

Chomsky, Noam (1981) *Lectures on Government and Binding*, Foris, Dordrecht.

Chomsky, Noam (2016) *What Kind of Creatures Are We?*, Columbia University Press, New York.

Cinque, Guglielmo (1993) "A Null Theory of Phrase and Compound Stress," *Linguistic Inquiry* 24, 239–298.

Clark, Eve V. and Herbert H. Clark (1979) "When Nouns Surface as Verbs," *Language* 55, 767–811.

Corver, Norvert and Henk van Riemsdijk, ed. (2001) *Semi-Lexical Categories*, Mouton, Berlin.

Cruschina, Silvio (2011) *Discourse-Related Features and Functional Projections*, Oxford University Press, Oxford.

Déchaine, Rose-Marie (1993) *Predicates Across Categories*, Doctoral dissertation, University of Massachusetts, Amherst.

Déchaine, Rose-Marie, Raphaël Girard, Calisto Mudzingwa and Martina Wiltschko (2014) "The Internal Syntax of Shona Class Prefixes," *Language Sciences* 43, 18–46.

Dryer, Matthew S. (2013a) "Prefixing vs. Suffixing in Inflectional Morphology," The World Atlas of Language Structures Online, ed. by Matthew S. Dryer and Martin Haspelmath, Max Planck Institute for Evolutionary Anthropology, Leipzig. [http://wals.info/chapter/26]

Dryer, Matthew S. (2013b) "Order of Genitive and Noun," The World Atlas of Language Structures Online, ed. by Matthew S. Dryer and Martin Haspelmath, Leipzig, Max Planck Institute for Evolutionary Anthropology. [http://wals.info/

chapter/86]

Dryer, Matthew S. (2013c) "Order of Object and Verb," The World Atlas of Language Structures Online, ed. by Matthew S. Dryer and Martin Haspelmath, Max Planck Institute for Evolutionary Anthropology, Leipzig. [http://wals.info/chapter/83]

Dryer, Matthew S. (2013d) "Order of Adposition and Noun Phrase," The World Atlas of Language Structures Online, ed. by Matthew S. Dryer and Martin Haspelmath, Max Planck Institute for Evolutionary Anthropology, Leipzig. [http://wals.info/chapter/85]

Dryer, Matthew S. (2013e) "Order of Adverbial Subordinator and Clause," The World Atlas of Language Structures Online, ed. by Matthew S. Dryer and Martin Haspelmath, Max Planck Institute for Evolutionary Anthropology, Leipzig. [http://wals.info/chapter/94]

Embick, David (2010) *Localism and Globalism in Morphology and Phonology*, MIT Press, Cambridge, MA.

Embick, David (2015) *The Morpheme*, Walter de Gruyter, Berlin.

遠藤喜雄 (2014)『日本語カートグラフィー序説』ひつじ書房，東京.

藤原与一 (1986)『方言文末詞〈文末助詞〉の研究（下）』春陽堂，東京.

Fukuda, Shin (2012) "Aspectual Verbs as Functional Heads: Evidence from Japanese Aspectual Verbs," *Natural Language and Linguistic Theory* 30, 965-1026.

Givón, Talmy (1979) *On Understanding Grammar*, Academic Press, New York.

Goedemans, Rob and Harry van der Hulst (2013a) "Fixed Stress Locations," The World Atlas of Language Structures Online, ed. by Matthew S. Dryer and Martin Haspelmath, Max Planck Institute for Evolutionary Anthropology, Leipzig. [http://wals.info/chapter/14]

Goedemans, Rob and Harry van der Hulst (2013b) "Weight-Sensitive Stress," The World Atlas of Language Structures Online, ed. by Matthew S. Dryer and Martin Haspelmath, Max Planck Institute for Evolutionary Anthropology, Leipzig. [http://wals.info/chapter/15]

Greenberg, Joseph H. (1963) "Some Universals of Grammar with Particular Reference to the Order of Meaningful Elements," *Universals of Language*, ed. by Joseph H. Greenberg, 73-113, MIT Press, Cambridge, MA.

Hale, Ken and Samuel J. Keyser (1993) "On Argument Structure and the Lexical Expression of Syntactic Relations," *The View from Building 20*, ed. by Ken Hale and Samuel J. Keyser, 53-109, MIT Press, Cambridge, MA.

Hammond, Michael (1999) "Lexical Frequency and Rhythm," ed. by Michael Darnell, Edith A, Moravcsik, Micheal Noonan, Frederick J. Newmeyer and Kathleen Wheatley, 329-358, *Functionalism and Formalism in Linguistics,* John

Benjamins, Amsterdam.

Hawkins, John A. (1990) "A Parsing Theory of Word Order Universals," *Linguistic Inquiry* 21, 223-261.

Hawkins, John A. and Anne Cutler (1988) "Psycholinguistic factors in morphological asymmetry," *Explaining Language Universal*, ed. by John A. Hawkins, 280-317, Blackwell, Oxford.

Hayes, Bruce (1984) "The Phonology of Rhythm in English," *Linguistic Inquiry* 15, 33-74.

Hayes, Bruce (1989) "The Prosodic Hierarchy in Meter," *Rhythm and Meter*, Phonetics and Phonology 1, ed. by Paul Kiparsky and Gilbert Youmans, 201-260, Academic Press, San Diego.

Hiraiwa, Ken and Shinichiro Ishihara (2012) "Syntactic Metamorphosis: Clefts, Sluicing, and In-situ Focus in Japanese," *Syntax* 15, 142-180.

平山輝夫（編）(1997)『福岡県のことば』明治書院，東京.

Hoeksema, Jacob (1984) *Categorial Morphology*, Routledge, Oxon.

Hoji, Hajime (1990) "Theories of Anaphora and Aspects of Japanese Syntax," ms., University of Southern California.

Hyman, Larry (1975) *Phonology: Theory and Analysis*, Holt Rinehart and Winston, New York.

Inkelas, Sharon and Draga Zec (1995) "Syntax-Phonology Interface," *The Handbook of Phonological Theory*, ed. by John A. Goldsmith, 535-549, Blackwell, Cambridge.

Irwin, Mark (2011) *Loanwords in Japanese*, John Benjamins, Amsterdam.

Ito, Junko and Armin Mester (1986) "The Phonology of Voicing in Japanese: Theoretical Consequence for Morphological Accessibility," *Linguistic Inquiry* 17, 49-73.

Ito, Junko and Armin Mester (2003) *Japanese Morphophonemics: Markedness and Word Structure*, MIT Press, Cambridge, MA.

伊藤たかね (2020)「名詞転換動詞形成にかかわる制約」『名詞をめぐる諸問題：語形成・意味・構文』，由本陽子・岸本秀樹（編），2-23，開拓社，東京.

伊藤たかね・杉岡洋子 (2002)『語の仕組みと語形成』研究社，東京.

Jackendoff, Ray (1990) *Semantic Structures*, MIT Press, Cambridge, MA.

Johnston, Michael and Federica Busa (1999) "Qualia Structure and the Compositional Interpretation of Compounds," *Breadth and Depth of Semantic Lexicons*, ed. by Evelyne Viegas, 167-187, Kluwer, Dordrecht.

影山太郎 (1993)『文法と語形成』ひつじ書房，東京.

影山太郎 (1996)『動詞意味論――言語と認知の接点――』くろしお出版，東京.

影山太郎 (1997)「名詞から動詞を作る」『語形成と概念構造』，影山太郎・由本陽子，

11-52, 研究社, 東京.

Kageyama, Taro (1997) "Denominal Verbs and Relative Salience in Lexical Conceptual Structure," *Verb Semantics and Syntactic Structure*, ed. by Taro Kageyama, 45-96, Kurosio, Tokyo.

影山太郎 (1999)『形態論と意味』くろしお出版, 東京.

Kageyama, Taro (2009) "Isolate: Japanese," *The Oxford Handbook of Compounding*, ed. by Rochelle Lieber and Pavol Štekauer, 512-526, Oxford University Press, Oxford.

影山太郎 (編) (2014)『複合動詞研究の最先端――謎の解明に向けて』ひつじ書房, 東京.

Kageyama, Taro (2016a) "Verb-compounding and Verb-incorporation," *Handbook of Japanese Lexicon and Word Formation*, ed. by Taro Kageyama and Hideki Kishimoto, 273-310, Walter de Gruyter, Berlin.

Kageyama, Taro (2016b) "Lexical integrity and the morphology-syntax interface," *Handbook of Japanese Lexicon and Word Formation*, ed. by Taro Kageyama and Hideki Kishimoto, 498-528, Walter de Gruyter, Berlin.

Kaisse, Ellen (1985) *Connected Speech: The Interaction of Syntax and Phonology*, Academic Press, Orland.

Kaisse, Ellen (1990) "Toward a Typology of Postlexical Rules," *The Phonology-Syntax Connection*, ed. by Sharon Inkelas and Draga Zec, 127-143, University of Chicago Press, Chicago.

川原繁人・竹村亜紀子 (2015)「連濁は音韻理論の問題か」『現代の形態論と音声学・音韻論の視点と論点』, 西原哲雄・田中真一 (編), 78-95, 開拓社, 東京.

Kean, Mary Louise (1977) "The Linguistic Interpretation of Aphasic Syndromes," *Cognition* 5, 9-46.

Kiparsky, Paul (1982) "Lexical Morphology and Phonology," *Linguistics in the Morning Calm*, ed. by I-S. Yang, 3-91, Hanshin, Seoul.

Kiparsky, Paul (1983) "Word-Formation and the Lexicon," *Proceedings of the Mid-America Linguistics Conference*, ed. by F. Ingemann, 3-29, University of Kansas, Lawrence, KS.

Kiparsky, Paul (1985) "Some Consequences of Lexical Phonology." *Phonology Yearbook* 2, 85-138

岸本秀樹 (2001)「壁塗り構文」『日英対照：動詞の意味と構文』, 影山太郎 (編), 100-126, 大修館書店, 東京.

Kishimoto, Hideki (2018) "On the Grammaticalization of Japanese Verbal Negative Marker," *Journal of Japanese Linguistics* 34, 65-101.

Kornfilt, Jaklin, (1996) "On Some Copular Clitics in Turkish," *ZAZ Papers in Linguistics* 6, 96-114, Zentrum für Allegemeine Sprachwissenschaft, Berlin.

Kornfilt, Jaklin, (2012) "Revisiting 'Suspended Affixation' and Other Coordinate Mysteries," *Functional Heads: The Cartography of Syntactic Structures*, Volume 7, ed. by Laura Brugé et al., 181-196, Oxford University Press, Oxford.

窪薗晴夫 (1995)『語形成と音韻構造』くろしお出版，東京．

Kubozono, Haruo (2005) "Rendaku: Its Domain and Linguistic Conditions," *Voicing in Japanese*, ed. by Jeroen van de Weijer, Kensuke Nanjo, and Tetsuo Nishihara, 5-24, Mouton de Gruyter, Berlin.

Kubozono, Haruo (2008) "Japanese Accent," *The Oxford Handbook of Japanese Linguistics*, ed. by Shigeru Miyagawa and Mamoru Saito, 165-191, Oxford University Press, Oxford.

Kuroda, Shige-Yuki (2003) "Complex Predicates and Predicate Raising," *Lingua* 113, 447-480.

Lambrecht, Knud (1994) *Information Structure and Sentence Form: Topic, Focus, and the Mental Representation of Discourse Referents*, Cambridge University Press, Cambridge.

Lees, Robert (1960) *The Grammar of English Nominalization*, Mouton, The Hague.

Levin, Beth and Malka Rappaport Hovav (1995) *Unaccusativity: At the Syntax-Lexical Semantics Interface*, MIT Press, Cambridge, MA.

Lieber, Rochelle (1980) *On The Organization of the Lexicon*, Doctoral dissertation, MIT.

Lieber, Rochelle (1992) *Deconstructing Morphology: Word Formation in Syntactic Theory*, University of Chicago Press, Chicago.

Lieber, Rochelle (2010) *Introducing Morphology*, Cambridge University Press, Cambridge.

Luís, Ana R. and Ricardo Bermúdez-Otero, eds. (2016) *The Morphome Debate*, Oxford University Press, Oxford.

Maiden, Martin (2004) "When Lexemes Become Allomorphs—on the Genesis of Suppletion," *Folia Linguistica* 38, 227-256.

Marantz, Alec (1997) "No Escape from Syntax: Don't Try Morphological Analysis in the Privacy of Your Lexicon," *University of Pennsylvania Working Papers in Linguistics* 4(2), 201-225.

Matras, Yaron and Jeanette Sakel (2007) *Grammatical Borrowing in Cross-Linguistic Perspective*, Mouton de Gruyter, Berlin.

松岡幹就 (2019)「「ている」進行文の統語構造と数量副詞の解釈について」『日本語統語論研究の広がり──記述と理論の往還──』，竹沢幸一・本間伸輔・田川拓海・石田尊氏・松岡幹就・島田雅晴（編），25-44，くろしお出版，東京．

McCawley, James (1968) *The Phonological Component of a Grammar of Japanese*, Mouton, The Hague.

McMahon, April (1992) "Lexical Phonology and Diachrony," *History of Englishes*, ed. by Matti Rissanen, Ossi Ihalainen, Terttu Nevalainen and Irma Taavitsainen, 167-190, Mouton de Gruyter, Berlin.

Mohanan, Karuvannur P. (1982) *Lexical Phonology*, Doctoral dissertation, MIT.

Mohanan, Karuvannur P. (1986) *The Theory of Lexical Phonology*, Ridel, Dordrecht.

Mukai, Makiko (2008) "Recursive Compounds," *Word Structure* 1, 178-198.

Murasugi, Keiko (1991) *Noun Phrases in Japanese and English*, Doctoral dissertation, University of Connecticut.

村杉恵子 (1998)「言語（獲得）理論と方言研究」『アカデミア（文学・語学編）』65, 227-259, 南山大学.

村杉恵子 (2014)『ことばとこころ：入門 心理言語学』みみずく舎, 東京.

Muysken, Pieter (2000) *Bilingual Speech: A Typology of Code-Mixing*, Cambridge University Press, Cambridge.

Nagano, Akiko and Masaharu Shimada (2014) "Morphological Theory and Orthography: *Kanji* as a Representation of Lexemes," *Journal of Linguistics* 50(2), 323-364.

長野明子 (2018)「最新のレキシコンと形態論の進展」『言語の構造と分析』西原哲雄（編）, 169-257, 開拓社, 東京.

長野明子 (2019)「レキシコン理論の潮流：レキシコンでの操作としての借用について」『レキシコン研究の新たなアプローチ』, 岸本秀樹, 影山太郎（編）, 27-54, くろしお出版, 東京.

長野明子・島田雅晴 (2017)「言語接触と対照言語研究——「マイカー」という「自分」表現について——」『三層モデルでみえてくる言語の機能としくみ』, 廣瀬幸生・島田雅晴・和田尚明・金谷優・長野明子（編）, 217-259, 開拓社, 東京.

長野明子・島田雅晴 (2019)「九州方言文末詞「バイ」と「タイ」の統語と形態について」『言語におけるインターフェイス』, 西原哲雄・都田青子・中村浩一郎・米倉よう子・田中真一（編）, 215-234, 開拓社, 東京.

Namiki, Takayasu (2003) "On the Expression *Rinse in Shampoo*: A New Type of Japanese Compound Coined from English Words," ed. by Shuji Chiba et al., *Empirical and Theoretical Investigations into Language: A Festschrift for Masaru Kajita*, 538-550, Kaitakusha, Tokyo.

竝木崇康 (2005)「日本語の新しいタイプの複合語——「リンスインシャンプー」と「リンス入りシャンプー」——」『現代形態論の潮流』, 大石強・西原哲雄・豊島庸二（編）, 1-19, くろしお出版, 東京.

那須昭夫 (2017)「付属語「たい」の音調変異」『筑波日本語研究22』, 1-33, 筑波大学大学院博士課程人文社会系日本語学研究室.

Nespor, Marina and Irene Vogel (2007) *Prosodic Phonology*, De Gruyter, Berlin.

西原哲雄（1994a）「語構造のパラドックスと音律構造——経済性の原理との係わり——」『甲南英文学』第 9 号，44-60.

西原哲雄（1994b）「複合語の屈折と慣用化」『ことばの音と形』東京：こびあん書房. 230-238.

西原哲雄（2013）『文法とは何か』開拓社，東京.

Nishiyama, Kunio (1999) "Adjectives and the copulas in Japanese," *Journal of East Asian Linguistics* 8, 183-222.

西山國雄（2000）「自他交替と形態論」『日英語の自他の交替』，丸田忠雄・須賀一好（編），145-165，ひつじ書房，東京.

Nishiyama, Kunio (2008) "V-V Compounds," *Handbook of Japanese Linguistics*, ed. by Shigeru Miyagawa and Mamoru Saito, 320-347, Oxford University Press, Oxford.

Nishiyama, Kunio (2010) "Penultimate Accent in Japanese Predicates and the Verb-Noun Distinction," *Lingua* 120, 2353-2366.

西山國雄（2012）「活用形の形態論，統語論，音韻論，通時」『活用論の前線』，三原健一・仁田義雄（編），153-189，くろしお出版，東京.

西山國雄（2015）「日本語の句複合」，『現代の形態論と音声学・音韻論の視点と論点』，西原哲雄・田中真一（編），78-95，開拓社，東京.

Nishiyama, Kunio (2016) "The Theoretical Status of *Ren'yoo* (Stem) in Japanese Verbal Morphology," *Morphology* 26, 65-90.

Nishiyama, Kunio (2017) "Phrasal compounds in Japanese," *Further Investigations into the Nature of Phrasal Compounding*, Morphological Investigations 1, ed. by Carola Trips and Jaklin Kornfilt, 135-166, Language Science Press, Berlin.

西山國雄（2019）「日英語の複合形容詞——「欲深い」と oil-rich の平行性——」『言語におけるインターフェイス』，西原哲雄ほか（編），250-257，開拓社，東京.

西山國雄（2021）「『ない』イディオムと語彙化——現象優先主義の試み——」『レキシコン研究の現代的課題』，岸本秀樹（編），51-80，くろしお出版，東京.

西山國雄・長野明子（2020）『形態論とレキシコン』（最新英語学・言語学シリーズ 第 9 巻），開拓社，東京.

西山國雄・小川芳樹（2013）「複合動詞における助動詞化と無他動性」『世界に向けた日本語研究』，遠藤喜雄（編），103-133，開拓社，東京.

Okada, Sadayuki (1999) "On the Conjoinability of Affixal Morphemes in English," *Word* 50, 339-363.

大西拓一郎（2018）「方言語彙の分布の変動」『方言の語彙：日本語を彩る地域語の世界』，小林隆（編），116-131，朝倉書店，東京.

小野尚之（2005）『生成語彙意味論』くろしお出版，東京.

Otsu, Yukio (1980) "Some Aspects of *Rendaku* in Japanese and Related Problems," *Theoretical Issues in Japanese Linguistics*, ed. by Yukio Otsu and Ann Farmer,

MIT Working Papers in Linguistics 2, 207-227.

Poser, William J. (1984) *The Phonetics and Phonology of Tone and Intonation in Japanese*, Doctoral dissertation, MIT.

Pustejovsky, James (1995) *The Generative Lexicon*, MIT Press, Cambridge, MA.

Rizzi, Luigi (1997) "The Fine Structure of the Left Periphery," *Parameters and Functional Heads*, ed. by Adriana Belletti and Luigi Rizzi, 63-90, Oxford University Press, Oxford.

Sainz, Susana (1992) *A Noncyclic Approach to the Lexical Phonology of English*, Doctoral dissertation, Cornell University.

Sapir, Edward (1921) *Language: An Introduction to the Study of Speech*, Harcourt, Brace, New York.

Scalise, Sergio (1986) *Generative Morphology*, Foris, Dordrecht.

Scalise, Sergio (1992) "Compounding in Italian," *Rivista di Linguistica* 4, 175-199.

Scalise, Sergio and Antonio Fábregas (2010) "The head in Compounding," *Cross-Disciplinary Issues in Compounding*, ed. by Sergio Scalise and Irene Vogel, 109-126, John Benjamins, Amsterdam.

Scheer, Tobias (2011) *A Guide to Morphosyntax-Phonology Interface Theories*, Mouton de Gruyter, Berlin.

Selkirk, Elizabeth (1982) *The Syntax of Words*, MIT Press, Cambridge, MA.

Selkirk, Elizabeth (1984) *Phonology and Syntax*, MIT Press, Cambridge, MA.

Selkirk, Elizabeth (1986) "On Derived Domains in Sentence Phonology," *Phonology* 3, 371-405.

Shibatani, Masayoshi and Taro Kageyama (1988) "Word Formation in a Modular Theory of Grammar: A Case of Postsyntactic Compounds in Japanese," *Language* 64, 451-484.

Shimada, Masaharu and Akiko Nagano (2014) "Borrowing of English Adpositions in Japanese," paper presented at the Annual Meeting of the Linguistics Association of Great Britain, Oxford University, Oxford.

島田雅晴・長野明子 (2019)「「てある」文にみられる方言間差異」『日本語統語論研究の広がり　記述と理論の往還　』，竹沢幸一・本間伸輔・田川拓海・石田尊氏・松岡幹就・島田雅晴（編），45-64，くろしお出版，東京.

Shimada, Masaharu and Akiko Nagano (to appear) "Ambiguities in Japanese Pseudocoordination and Its Dialectal Variation," *Pseudo-Coordination and Multiple Agreement Constructions*, ed. by Giuliana Guisti, Vincenzo Nicolo Di Caro and Daniel Ross, John Benjamins, Amsterdam.

Siegel, Dorothy (1974) *Topics in English Morphology*, Doctoral dissertation, MIT. [Reproduced by Garland, New York (1979)]

Snyder, William (2001) "On the Nature of Syntactic Variation: Evidence from

Complex Predicates and Complex Word-Formation," *Language* 77, 324–342.

Sugioka, Yoko (2002) "Incorporation vs. Modification in Deverbal Compounds," *Japanese/Korean Linguistics* 10, 495–508, CSLI Publications, Stanford.

Sugioka, Yoko (2008) "Remarks on Asymmetry and Recursion in Compound Formation," *An Enterprise in the Cognitive Science of Language: A Festschrift for Yukio Otsu,* ed. by Tetsuya Sano, Mika Endo, Miwa Isobe, Koichi Otaki, Koji Sugisaki and Takeru Suzuki, 65–78, Hituzi Syobo, Tokyo.

Szpyra, Jolanta (1989) *The Phonology-Morphology Interface: Cycles, Levels and Words*, Routledge, London.

Takano, Yuji (2004) "Coordination of Verbs and Two Types of Verbal Inflection," *Linguistic Inquiry* 35, 168–178.

Tanaka, Shin-ichi (2005) "Where Voicing and Accent Meet: Their Function, Interaction and Opacity Problems in Phonological Prominence," *Voicing in Japanese*, ed. by Weijer, J. M. van de, Kensuke Nanjo and Tetsuo Nishihara, 261–278, Mouton de Gruyter, Berlin.

東条操 (1953)『日本方言学』吉川弘文館，東京.

Tokizaki, Hisao (2011) "The Nature of Linear Information in the Mophosyntax-PF Interface," *English Linguistics* 28, 227–257.

Tokizaki, Hisao (2013) "Deriving the Compounding Parameter from Phonology," *Linguistic Analysis* 38, 275–303.

Tokizaki, Hisao (2017) "Righthand Head Rule and the Typology of Word Stress," *KLS* 37, 253–264, Kansai Linguistic Society.

Tokizaki, Hisao (2018) "Obligatory Contour Principle and Minimalist Syntax," *Phonological Externalization vol. 3*, ed. by Hisao Tokizaki, 73–83, Sapporo University. [http://id.nii.ac.jp/1067/00007527/]

Tokizaki, Hisao (2019) "Word stress, Pitch Accent and Word Order Typology with Special Reference to Altaic," *The Study of Word Stress and Accent: Theories, Methods and Data*, ed. by Rob Goedemans, Harry van der Hulst and Jeff Heinz, 187–223, Cambridge University Press, Cambridge.

Tokizaki, Hisao and Kaoru Fukuda (2013) "A Statistical Association between Head-Complement Orders and Word-Stress Location," Paper presented at the 10th Biennial Conference of Association for Linguistic Typology, Leipzig, Germany.

Tokizaki, Hisao and Yasutomo Kuwana (2013) "A Stress-based Theory of Disharmonic Word Orders," Theoretical Approaches *to Disharmonic Word Orders*, ed. by Theresa Biberauer and Michelle Sheehan, 190–215, Oxford University Press, Oxford.

坪内佐智世 (2009)「ああ、そうタイ！ うん、そうバイ！：「ばい」と「たい」はどう

違う？」『これが九州方言の底力！』，九州方言研究会（編），88-91，大修館書店，東京．

Tsujimura, Natsuko (2013) *An Introduction to Japanese Linguistics*, 3rd ed., Wiley Blackwell, Malden, MA.

Urushibara, Saeko (2003) "On the Form and Meaning of Aspectual Markers," *Empirical and Theoretical Investigations into Language*, ed. by Shuji Chiba et al., 778-792, Kaitakusha, Tokyo.

漆原朗子（2017）「生成文法研究と方言」『〈不思議〉に満ちたことばの世界』，高見健一・行田勇・大野秀樹（編），47-51，開拓社，東京．

Vance, Timothy J. (2005) "Rendaku in Inflected Words," *Voicing in Japanese*, ed. by Weijer, J. M. van de, Kensuke Nanjo and Tetsuo Nishihara, 89-103, Mouton de Gruyter, Berlin.

Vance, Timothy J. (2008) *The Sounds of Japanese*, Cambridge University Press, Cambridge.

Vance, Timothy J. and Mark Irwin, eds. (2016) *Sequential Voicing in Japanese*, John Benjamins, Amsterdam.

Vitale, Anthony J. (1981) *Swahili Syntax*, Foris, Dordrecht.

Williams, Edwin S. (1981) "On the Notions 'Lexically Related' and 'Head of a Word'," *Linguistic Inquiry* 12, 245-274.

Yamaguchi, Kyoko (2011) "Accentedness and Rendaku in Japanese Deverbal Compounds," *Gengo Kenkyu* 140, 117-133.

Yamaguchi, Kyoko and Shin-ichi Tanaka (2013) "Rendaku Variation in Deverbal Compounds," *Current Issues in Japanese Phonology: Segmental Variation in Japanese*, ed. by Jeroen van de Weijer and Tetsuo Nishihara, 149-166, Kaitakusha, Tokyo.

Yoda, Yusuke (2015) "Phrasal or Phasal Coordination? From the Evidence of Suspended Affixation," *MIT Working Papers in Linguistics* 76, 247-258.

Yoon, James Hye Suk (1994) "Korean Verbal Inflection and Checking Theory," *MIT Working Papers in Linguistics* 22, 251-270.

吉村紀子（2001）「分裂文を八代方言からさぐる」『ことばと文化』4，67-84，静岡県立大学．

由本陽子（2005）『複合動詞・派生動詞の意味と統語――モジュール形態論から見た日英語の動詞形成――』ひつじ書房，東京．

由本陽子（2007）「名詞を基体とする動詞形成について」『言語文化共同研究プロジェクト 2006: 自然言語への理論的アプローチ』，91-100，大阪大学大学院言語文化研究科．

由本陽子（2009）「複合形容詞形成に見る語形成のモジュール性」『語彙の意味と文法』，由本陽子・岸本秀樹（編），209-229，くろしお出版，東京．

由本陽子（2011）『レキシコンに潜む文法とダイナミズム』開拓社，東京.

Zamma, Hideki (2005) "The Correlation between Accentuation and Rendaku in Japanese Surnames: A Morphological Account," *Voicing in Japanese*, ed. by Weijer, J. M. van de, Kensuke Nanjo, and Tetsuo Nishihara, 157-176, Mouton de Gruyter, Berlin.

索　　引

1. 日本語は五十音順に並べてある．英語（などで始まるもの）は
アルファベット順で，最後に一括してある．
2. 数字はページ数を示し，n は脚注を表す．

193

[さ行]

[た行]

【執筆者紹介】（掲載順）

西原 哲雄（にしはら　てつお）　1961 年生まれ［編者］
藍野大学医療保健学部 教授．専門は，音声学，音韻論，形態論など．
主要業績：*Voicing in Japanese*（共著・共編，Mouton de Gruyter, 2005），『現代形態論の潮流』（共著・共編，くろしお出版，2005），"Morphological Variation in Japanese"（共著・共編，*Lingua* Vol. 120, Issue 10, 2010），『心理言語学』（朝倉日英対照言語学シリーズ発展編 2，共著・編集，朝倉書店，2017），『英語の語の仕組みと音韻との関係』（言語・文化選書 80，共著，開拓社，2019），『ブックレット英語史概説』（開拓社，2021）など．

島田 雅晴（しまだ　まさはる）　1966 年生まれ
筑波大学人文社会系 教授．専門は，理論言語学．
主要業績："Morphological Theory and Orthography: Kanji as a Representation of Lexemes"（*Journal of Linguistics* 50, 2014，共著），"Miratives in Japanese: The Rise of Mirative Markers via Grammaticalization"（*Journal of Historical Linguistics* 7, 2017，共著），"Relational Adjectives Used Predicatively (But Not Qualitatively): A Comparative-Structural Approach"（*Lexique* 23, 2018，共著）など．

時崎 久夫（ときざき　ひさお）
札幌大学地域共創学群 教授．専門分野は音韻論，統語論，言語類型論．
主要業績：*Syntactic Structure and Silence: A. Minimalist Theory of Syntax-Phonology Interface*（ひつじ書房，2008），"A Stress-Based Theory of Disharmonic Word Orders"（共著，*Theoretical Approaches to Disharmonic Word Orders*, Oxford University Press, 2013），"Word Stress, Pitch Accent, and Word Order Typology with Special Reference to Altaic"（*The Study of Word Stress, and Accent: Theories, Methods and Data*, Cambridge University Press, 2019）など．

由本 陽子（ゆもと　ようこ）
大阪大学大学院言語文化研究科 教授．専門分野は，語形成論，語彙意味論．
主要業績：『複合動詞・派生動詞の意味と統語：モジュール形態論から見た日英語の動詞形成』（ひつじ書房，2005），『レキシコンに潜む文法とダイナミズム』（開拓社，2011），"Variation in N-V Compound Verbs in Japanese"（*Lingua* 120(10), 2010），「日本語の「名詞＋動詞連用形／形容詞」型複合語形成における「形質名詞」の役割」（由本陽子・岸本秀樹（編）『名詞をめぐる諸問題：語形成・意味・構文』，開拓社，2020）など．

西山 國雄（にしやま　くにお）
茨城大学人文社会科学部 教授．専門は形態論，統語論，オーストロネシア言語など．
主要業績：*A Grammar of Lamaholot, Eastern Indonesia*（共著，Lincom，2007），*Topics in Theoretical Asian Linguistics*（共編，John Benjamins，2018），『形態論とレキシコン』（共著，開拓社，2020）など．

【監修者紹介】

西原　哲雄（にしはら　てつお）　　藍野大学 教授

都田　青子（みやこだ　はるこ）　　津田塾大学 教授

中村浩一郎（なかむら　こういちろう）　名桜大学 教授

米倉よう子（よねくら　ようこ）　　奈良教育大学 准教授

田中　真一（たなか　しんいち）　　神戸大学 教授

言語のインターフェイス・分野別シリーズ　第3巻

形態論と言語学諸分野とのインターフェイス

監修者	西原哲雄・都田青子・中村浩一郎・米倉よう子・田中真一
編　者	西原哲雄
著作者	西原哲雄・島田雅晴・時崎久夫・由本陽子・西山國雄
発行者	武村哲司
印刷所	日之出印刷株式会社

2021 年 11 月 24 日　第 1 版第 1 刷発行©

発行所　　株式会社　開 拓 社

〒 112-0013 東京都文京区音羽 1-22-16
電話　（03）5395-7101（代表）
振替　00160-8-39587
http://www.kaitakusha.co.jp

ISBN978-4-7589-1358-4　C3380